# 论语实解 上

刘长志 著

学而第一 ～ 公冶长第五

中国财富出版社有限公司

**图书在版编目（CIP）数据**

论语实解 . 上 / 刘长志著 . — 北京：中国财富出版社有限公司，2024.3

ISBN 978-7-5047-7905-2

Ⅰ . ①论… Ⅱ . ①刘… Ⅲ . ①《论语》—研究 Ⅳ . ① B222.25

中国国家版本馆 CIP 数据核字（2023）第 058379 号

| | | | | | |
|---|---|---|---|---|---|
| **策划编辑** 郝婧婕 | | **责任编辑** 张红燕 李小红 | | **版权编辑** 李 洋 | |
| **责任印制** 梁 凡 | | **责任校对** 张营营 | | **责任发行** 杨恩磊 | |

**出版发行** 中国财富出版社有限公司

**社 址** 北京市丰台区南四环西路 188 号 5 区 20 楼　　**邮政编码** 100070

**电 话** 010-52227588 转 2098（发行部）　　　　010-52227588 转 321（总编室）

　　　　010-52227566（24 小时读者服务）　　　　010-52227588 转 305（质检部）

**网 址** http：//www.cfpress.com.cn　　**排 版** 宝蕾元

**经 销** 新华书店　　**印 刷** 宝蕾元仁浩（天津）印刷有限公司

**书 号** ISBN 978-7-5047-7905-2/B·0573

**开 本** 710mm×1000mm　1/16　　**版 次** 2024 年 3 月第 1 版

**印 张** 14.75　　**印 次** 2024 年 3 月第 1 次印刷

**字 数** 226 千字　　**定 价** 59.80 元

# 【前言】

　　《论语》对中国人的影响非常大，自西汉以来，《论语》就是每个识字的中国人必读的一本书，《论语》是孔子弟子和再传弟子，记录孔子及其弟子言行而编成的语录，成书于战国前期，全书共有二十篇四百九十二章。

## （一）《论语》命名的来由

　　班固《汉书·艺文志》说："《论语》者，孔子应答弟子、时人及弟子相与言而接闻于夫子之语也。当时弟子各有所记。夫子既卒，门人相与辑而论纂，故谓之《论语》。"

　　《论语》为语录体，是当时孔圣人与弟子的对话记录，以及同时代的人与孔圣人的对话记录，还有一些是有子、曾子的对话记录等。孔圣人去世之后，其弟子觉得这些对话是大道的载体，为使大道不绝，有必要将孔圣人的话记录下来，门人把自己记录的内容拿出来，最后由人统一整理，编纂成书，便有了《论语》的雏形。

　　北宋初年，邢昺受诏为魏人何晏等人的《论语集解》作疏，在序中引郑玄之言："论者，纶也，轮也，理也，次也，撰也。"也就是说，《论语》的"论"字有五层意思：

　　1."纶也"，"纶"本义是指把杂乱的丝线整理好，引申意思指像整理好乱线一样治世，比如成语"满腹经纶""经纶天下"等的"纶"都是此意。这里指《论语》中蕴含着经纶世务的道理。

2. "轮也"，即如车轮圆转，《论语》中的道理以前适用，现在适用，将来也适用，就像一个车轮一样，既可以圆转，也可以前进，生生不息。

3. "理也"，"理"的本义是在工坊里将璞玉雕琢成器，雕琢的关键是顺应玉石原有的纹理，这里指《论语》蕴含万理。

4. "次也"，《论语》有二十篇四百九十二章，篇章井然有序，内容条理清晰。

5. "撰也"，《论语》由孔圣人的贤德弟子和再传弟子精心编撰，内容经过严格筛选。

郑玄在注解《周礼》时写道："答述曰'语'。以此书所载皆仲尼应答弟子及时人之辞，故曰'语'。而在'论'下者，必经论撰，然后载之，以示非妄谬也。以其口相传授，故经焚书而独存也。"

"语"字，可以理解为谈论。《说文解字》："论难曰语"，"论难"即众人共同讨论辨析难点等。《释名》："语，叙也，叙己所欲说也"，即把自己想说的说出来。

注意，"言"和"语"不是一回事，"言"是自己跟自己说，"语"是至少两个人一起交流。即"言"是自己的事情，"语"是彼此交流的事情。《礼记·杂记》中说"三年之丧，言①而不语②"。

在古语中，一个字是一个意思，比如《周易·系辞上》"圣人设卦，观象系辞焉而明吉凶，刚柔相推而生变化"中的"系辞"二字，意思是"系在卦和爻后面的辞"，显然二字各有其意。在学习先秦典籍的时候，这点一定要注意。

# （二）《论语》的版本

和许多其他先秦古籍一样，《论语》经过秦火和战乱曾一度失传，至汉代复出现若干个传本，最著名的就是《鲁论语》《齐论语》《古论语》三个版本，

---

① 言，自言己事也。

② 语，为人论说也。

它们在文字、篇名及篇数上都有差异。

《鲁论语》有二十篇，汉代的龚奋、夏侯胜、夏侯建、萧望之、韦贤等人传授之。由于主要在鲁地的学者中传习，故谓之《鲁论语》。《齐论语》主要在齐地的学者中传习，全书二十二篇，其中二十篇的章句很多和《鲁论语》的相同，只是多出《问王》和《知道》两篇。《古论语》是汉代鲁恭王刘余在孔子旧宅中发现的，且其字为蝌蚪文，故谓之《古论语》，当时并没有传授，仅孔安国为之训解。

东汉末年，郑玄（127年—200年）以《鲁论语》为底本，参考《齐论语》《古论语》，编校成一个新的本子《论语注》（简称：郑注本），这样三家的差别就被泯灭了。郑注本在唐代以后就不传了，有敦煌遗书本残卷。

三国时代魏国人何晏（190年—249年）等五人著《论语集解》，十卷，此为汉代以来《论语》的集大成著作，为现传最古的《论语》完整注本，今已佚。

南朝时代梁朝人皇侃（488年—545年），青州刺史皇象的九世孙，精通儒家经学，编纂《论语义疏》十卷，在《论语集解》基础上作疏，是南北朝义疏之作完整流传至今的唯一的一部书。

北宋时，邢昺（932年—1010年）作注的《论语注疏》（又称《论语注疏解经义》），原为十卷，后人析为二十卷。其单疏本现已不传，只传有注疏合刻本，以阮元江西南昌府学本为最佳，并附有校勘记。《十三经注疏》所收为此本。

朱熹（1130年—1200年），世称朱文公，南宋人，闽学代表人物，儒学集大成者，世尊称为朱子。朱熹非孔子亲传弟子而享祀孔庙，位列大成殿十二哲者中，受儒教祭祀。绍兴十八年（1148年），朱熹考中进士，曾任江西南康、福建漳州知府、浙东巡抚，做官清正有为，振举书院建设。官拜焕章阁侍制兼侍讲，为宋宁宗皇帝讲学。朱熹编纂了《论语集注》，是宋代《论语》注释的集大成者。朱熹著述甚多，有《四书章句集注》（包含《论语集注》）《太极图说解》《通书解》《周易本义》《楚辞集注》等，其中《四书章句集注》

成为钦定的教科书和科举考试的标准读本。朱子现存著作共二十五种，六百余卷，总字数在两千万字左右。

本书对《论语》的解读，主要参考了南宋以前大儒的注疏。因为本系列书的定位是正本清源，即以先秦典籍原意为本，尽可能地恢复先秦圣人本意，清儒学是被阉割之后的儒学，故清儒对《论语》的解析不采用；同样，一些用西方尺度度量中华文化的《论语》解析，难免有崇洋媚外之嫌疑，也不予采用。

# （三）读《论语》的方法

1.对于我们大多数人来说，应当以《论语》《孟子》为日常根本用书，随时随地翻看。把这两本书真正搞清楚了，"五经"也就明白了。

2.读《论语》的重点是看圣人的用心和作经用意，反复思考"为什么圣人是圣人，而我不是圣人"。从中体悟与圣人之心的差距，而不是在文意中穿凿，刻意模仿圣人的行为。

3.读《论语》的人要把自己置于孔子与弟子的对话场景中，把自己当作发问的弟子，把圣人的回答当作对自己的回答。孔孟复生，不过如此教人。

4.读《论语》不能把对话当作段子看，所谓"外行看热闹，内行看门道"，要把自身代入，从心性根本上去印证。

5.《论语》中的言语，句句都是自然；《孟子》中的言语，句句都是事实。将这两本书读得滚瓜烂熟，度量事物自然就有个长短轻重，如果读完几遍没有这个感觉，就是读的方式方法有问题了。

# （四）关于正本清源

究竟什么是传统文化要先说清楚，传是指传承，统是指正统，文是指人文，化是指教化。《周易·系辞上》说："《易》与天地准，故能弥纶天地之道。"我们的文化自始至终都是以天地为锚的，某种文化是否属于中华正统，判别标准就是看其是不是以天地为依据，是否法天则地，如果不是以天地为依据，就绝对不属于中华正统文化。

我们的文化中，天地只有一个天地，道只有一个道，真正的三教是指儒、道、法三家，三家都是以法天则地为根本锚点，可以溯源至易道显现的上古圣人时代。

文化上的正本清源，就是正道统，复兴中华文化之教，横扫所有"沐猴而冠"的妖妄之说，还子孙后代一个朗朗乾坤。

在正本清源的道路上，肯定会有各种艰难险阻，希望诸君相携共进，为中华民族和中华文化的伟大复兴而努力奋进！

# 目　录

# 【学而第一】

　　《学而篇》放在《论语》首章是有重大意义的，这一章是入道之门，积德之基，我们在学习的时候一定要引起足够的重视。

# （一）

**【原文】**

子曰："学而时习之，不亦说乎？有朋自远方来，不亦乐乎？人不知，而不愠，不亦君子乎？"

**【老刘说】**

《论语》中凡是提到"子曰"两个字，就是"孔圣人说"的意思。春秋之后，执政之卿亦称"子"；后世学者中具备开宗立派的水平的，亦称"子"，譬如周敦颐称为周子、朱熹称为朱子等。孔圣人曾经任鲁国司寇①之职，其门人称其为"子"。"曰"字是象形字，"一"从"口"中出，即从口里说出来话。

"学而时习之，不亦说乎"中的"学"字，《白虎通》中解释为"学者，觉也，觉悟所未知也"。意思是说这件事情我以前不知道，没有觉悟到，我现在觉悟到了，这个过程就是"学"。"学"这个字不仅有过程，还有结果在里边。比如说学车，学完能拿到驾照，能开车上路，这叫学车；学写毛笔字，学完之后写出像模像样的毛笔字，这才是学写毛笔字。如果说去学车，最后驾照没拿到，车也开不了，这肯定不算是"学"。

我们在《论语》中要学的是什么呢？就是《中庸》首句讲的"天命之谓性，率性之谓道，修道之谓教"。人天生是合道的，但是人的觉悟是有先后的，后觉的人要效仿先觉者，跟从圣人学习就能复归天命赋予的本性。

"时习之"的"时"字的含义如果搞不懂，"学而时习之"这句话就很难

---

① 司寇：春秋时，周王室和各诸侯国多设有司寇之官。司寇的职责是追捕盗贼和据法诛戮大臣等。宋、鲁的司寇又分为大司寇和少司寇，孔子做过鲁国的司寇。《周礼》列为六卿之一，为秋官。西汉哀帝时，更名护军都尉为司寇。后世以大司寇为刑部尚书的别称，侍郎则称为少司寇。

真正理解了。我们的文化是法天则地的，所以时位是非常重要的，在这句话里，"时"字有三层意思：

第一，从人的成长规律角度来说，古代教育中，小孩六岁可以识字，七八岁可以学日常基本的礼仪，十岁左右可以学书写和算术，十三岁开始学《乐》和《诗经》，十五岁可以开始学习《大学》《中庸》等，二十岁可以开始接触社会、学习《礼记》等。这是根据一个人的成长规律来的，不能提前学，也不能滞后学，只有在恰当的时位学习才是妥当的。比如学习《弟子规》的群体是五六岁的小朋友，《弟子规》可以帮助这个年龄阶段的孩子学习为人处世的具体行为规范，它的内容是适合这个阶段儿童心智的。五六岁的孩子心智不成熟，很多事情都懵懵懂懂，大道理还听不懂，也不知道社会是什么样子，要学习一些基本的规矩，这个阶段只需要知其然就可以了，限于心智水平，背后的所以然说了他们也不见得能理解。等到十五岁学习《大学》《中庸》的时候，他们自己就能理解小时候学的具体行为规范背后的所以然了。相反，强迫成年人学《弟子规》，本质上是一种反智套路，反复强调具体行为规范，无非是告诉对方这么干就行了，只需要遵守，不需要开动心智，久而久之，人的心智水平自然就降下去了。

第二，从一年春夏秋冬四季变化角度来说，春夏属阳主生发，强调动起来，应该学《礼》《乐》；秋冬属阴主藏纳，不合适活动，应该学《诗》《书》。

第三，从一天昼夜变化角度来说，每天作息要符合天地之道，诵读、进修、活动、休息等要依时而行，不可违天时。

"时习之"的"习"字，本义是小鸟反复地试飞，这里指反复练习以求精进。"时习之"即人要法天则地，合天时而动，对为学这件事，要像小鸟学飞一样，时复时、日复日、年复年，反复不已，老而无倦。

"不亦说乎"的"说"字通喜悦的"悦"，"说（悦）"和"不亦乐乎"的"乐"是不一样的，"说（悦）"侧重指心里高兴，"乐"侧重指完全表现出的快乐，即别人能看到的喜形于色。"亦"字是"同样、也"的意思。

"学而时习之，不亦说乎"是说圣人之学都是需要实修的，没有笃实的

"下学"功夫是不可能"上达"的。就像学开车一样，不是把驾驶手册背得滚瓜烂熟，就等于学会开车了，而是开车能上路，不违反交通规则，想去哪里都能平安到达，这才叫学会开车了。儒家强调入世治世，强调穷则独善其身，达则兼济天下。入世也好，治世也罢，都必须和人打交道，必须面对打交道过程中的人情事变。

什么叫人情事变呢？"人情"是说人的七情变化，既包括自身的七情变化，也包括别人的七情变化。比如和别人谈事情，要先知道对方的情绪状态，高兴的状态该怎么说话，生气的状态该怎么说话，很哀伤的状态该怎么说话，什么话能说，什么话不能说，等等。当然也包括自己的情绪变化，什么状态做什么事儿，今天高兴就去做些快乐的事情，比如郊游、唱歌等，如果今天情绪很坏还去郊游，一路下来，状态和去上坟的差不多，肯定你自己都觉得别扭。"事变"是说事情的变化，就拿种庄稼来说，从春天一粒种子种下去开始，不同时段和外部环境下，要做的事情是不一样的，干旱的时候要浇水，洪涝的时候要排水，不能做反了，该排水的时候浇水，按这个搞法庄稼是必死无疑的。"事变"指在事情时位变化之中，应对的方式方法是不同的，能做到妥当应对，就是合道的体现。

平常人的心性水平和圣人的相比差距肯定是非常大的，但随着不断做存养良知的功夫，心性水平就会逐渐提高，虽然每天进步不大，但只要前行不辍，日积月累就会很可观，过段时间回头看看，心里自然有种喜不自胜浮现出来。就像爬山一样，脚踏实地一步一个脚印往上爬，爬一段回头看看景色不一样了，心中肯定高兴；继续坚持一段时间，再回头看一看，景色又不一样了，心中又是一番高兴涌起，爬到山顶"会当凌绝顶，一览众山小"，往下一看心旷神怡，这种高兴更不用说了。

"学而时习之，不亦说乎"千万不要理解成"为了应对考试，坚持不懈地复习不是一件高兴的事吗"，这么理解纯粹就跑偏了。儒家为学是为了追求生命的根本意义，是对人生终极的求索，为学的过程本身就是提高自身认知，灵魂逐渐充盈饱满的过程，悦在其中实属正常。应付考试是在别人画的圈圈里努力迎合别人的规则，做的是亦步亦趋的功夫，而不是对自己本性的彰显，累是极正常的感觉。

我们在学习"四书"的时候，一定要把《中庸》的"天命之谓性，率性之谓道，修道之谓教"时刻记着，如果不能从这个高度切入，很多内容是没有办法真正贯通的。

儒家圣人之学，皆是需要实修的，没有笃实的"下学"功夫是不可能"上达"的。时刻在入世治世、应对人情事变中循此为学，随着心性水平的提高，时时刻刻反验于己心，可以自考自己学问的虚实深浅，日虽寸进，然跬步千里，回望时自然喜不自胜。

"有朋自远方来，不亦乐乎"中的"朋"不能理解成"朋友"。古文中"朋"和"友"不是一回事，郑玄在《周礼·地官·大司徒》中注说："同师曰朋，同志曰友。""同师曰朋"指大家师承同一个人，学的东西是比较一致的，但追求的大方向不一定是相同的，这是"朋"的关系；"同志曰友"是指大家有共同志向，彼此追求的方向是一致的，这是"友"的关系。显然"友"比"朋"更亲近一些。有"朋"来都会喜笑颜开，"友"来了自然就不必说了。

"有朋自远方来，不亦乐乎"是说有志同道合的人听说我的学说和名气，慕名而来，特意从远方过来拜访我，我能不高兴吗？我肯定高兴呀！既然远方的人都知道了，近地方的人当然就更知道了。这里用反问句表示"怎么能不发自内心地高兴呢？"

"人不知，而不愠"的"愠"字是个形声字，"忄"由"心"演变而来，称竖心旁或竖心，表示与心有关；"昷"字读作"wēn"，本意为仁慈温和。"愠"引申义为"含怒，生气"。"君子"是成德之名，君子走的路始终是一条适宜的正路，能做到"人不知，而不愠"是君子的一个标准。

"人不知，而不愠"这句话有三层意思：

第一，从内求的角度来说。即《周易·文言·乾》中"遁世无闷，不见是而无闷"的意思，为学是自己的事情，为学本质上是对自己的生命负责，是真正的为己之学，真正的为己之心是修好心性，让自己的心真正成为身体的主宰，这才是真正的为己，而不是想当然地把"为己"和"追求身所欲的自私自利"画等号。儒家修炼心性是为了更好地践行自己的生命意义，不要想当然地觉得修炼心性就等于不食人间烟火，这显然是严重的误解，试想儒家修身、齐家、治国、平天下，哪一件事情不是在世间与人打交道呢？

只有分清真正的"为己"和"自我戕害"，才能在真正的"为己"中"克己"，才是真正的存养心性，这是进入圣人之境的路径。为学这件事情完全是自己的事情，别人知不知道是别人的事情。因为别人不知道自己就不高兴，是流于外求了。

第二，从"学无先后，达者为师"的角度来说。先达者知道的多，水平高，后学者知道的少，水平低。不能因为后学者知道的少而不高兴，如果这样的话，又谈何"先达"呢？

第三，从教诲之道的角度来说。不能要求所有人都有足够高的天资禀赋，学生中有人聪明领悟得快，有人笨一些领悟得慢，是非常正常的事情，不能因此而发怒。譬如很多家长辅导孩子写作业，讲两遍小孩没听明白，就开始烦了；讲三遍小孩还没听懂，就开始发怒了；讲四遍小孩还没听懂，没准儿一冲动把孩子拉出去揍一顿，而不是静下来反思一下自己讲解的方式方法是不是有问题，这显然偏离了"人不知，而不愠"。

这一章实际上是孔子毕生为学的一个总结，"学而时习之"是初学时候必须要做的事情。孔子"十有五而志于学"，"学而时习之"就是爬山的过程，笃实努力地往上爬，日积月累，终于跬步千里。"有朋自远方来"说的是孔子人到中年的时候，已经完全贯通了圣人之学，天下各地的人慕名而来，向孔子请教。"人不知，而不愠"说的是孔子登上智慧之顶，到达"知我者其天乎"的境界，"会当凌绝顶，一览众山小"，这个阶段曲高和寡，不能被理解是非常正常的，所以孔子说"人不知，而不愠"。

"学而时习之"放在《论语》第一篇首句，是有深意的，为学这件事，无论到达什么高度，都要牢记"学而时习之"。儒家讲修齐治平，这些都是要入世治世的，离开了"学而时习之"，修齐治平就是空中楼阁了。圣人强调"下学而上达"，为学始终要一以贯之，"上达"的捷径就是"学而时习之"。

# （二）

**【原文】**

有子曰："其为人也孝弟，而好犯上者，鲜矣；不好犯上，而好作乱者，未之有也。君子务本，本立而道生。孝弟也者，其为仁之本与！"

**【老刘说】**

有子，名若，字子有（一说字子若），鲁国人，世称"有子"，比孔子小三十三岁，孔门七十二贤之一，被尊为儒学圣贤。《史记》记载："孔子既没，弟子思慕，有若状似孔子，弟子相与共立为师，师之如夫子时也。"孔子去世后，众弟子推举有子为师，指导大家共同学习，可见有子的水平是足以服众的。

"其为人也孝弟"的"孝弟"是儒家典籍中的基本概念，需要详细讲一下。基本概念搞清楚了，后面的篇章就容易理解了。

"孝"字在不同典籍里的解析角度是不一样的，把这些不同角度的描述综合起来，"孝"字的意思就出来了。

《说文解字》中说："善事父母者。从老省，从子，子承老也。""孝"字是由"老人"的"老"字去掉下面的"匕"字，加上一个"儿子"的"子"字构成的，表达的意思是子辈要继承父辈传统并传承下去。

孟子说："不孝有三，无后为大。"赵岐在《孟子注疏》中说，"三不孝"是指："于礼有不孝者三事，谓阿意曲从，陷亲不义，一不孝也。家穷亲老，不为禄仕，二不孝也。不娶无子，绝先祖祀，三不孝也。三者之中，无后为大。"

第一种不孝：不检点自己的动机和行为，一味顺从父母，最后陷父母于不义的境地。通俗地说，就是自己做事是非不分，对父母又哄又顺，最后导致父母丢人现眼，甚至身败名裂。

第二种不孝：家里很穷，吃了上顿没下顿，自己只贪图他人说自己孝的名声，不出去挣钱养活家人。通俗点说，就是开启一种表象上对父母很好的啃老模式，最后大家都温饱不济，父母甚至还要为自己离世之后儿女的生存问题提心吊胆。

第三种不孝：不结婚不生孩子，断绝后代，甚至连个能传承父辈好传统的载体都不找。我们都知道一个基本常识，好的传统要靠具体的人作为载体去传承，载体没了，又谈何传承呢？前两种不孝还有改正的余地，后面一种是没有改正的余地的，所以孟子如是说。

这里的传承，指的是无形的东西，如颜氏家训、朱子治家格言等，不是有形的金银财宝、房子、土地等。通俗地说，父母非常诚信，街坊四邻有口皆碑，做儿子的能把这个口碑继承下来，让街坊四邻都觉得"有其父必有其子"，这就是"有后"，这是"孝"的一个具体表现。

《孝经》说："夫孝，天之经也，地之义也，民之行也。"人类之所以能雄踞于食物链顶端是因为人类的社会化，社会化的基础是分工合作，能让越来越复杂的社会分工健康运转，靠的是健康的伦理关系，伦理是维系人类社会秩序的根本所在。

简单说一下伦理，"伦"就是分区划块，"理"就是把分的区、划的块串起来。举个例子来帮助理解，就一个单位来说，会有很多部门，比如人力资源部、财务部、生产部、研发部等，这就是分区划块，这是"伦"的范畴；单位要正常运转，各部门之间就要相互发生关系，就像一台机器，各个零件之间只有互相作用，这台机器才能正常运转，这是"理"的范畴。

儒家讲伦理，先讲五伦，相当于分区划块，然后讲五伦之间的相互关系，就是理（礼）的范畴了，公序良俗就是伦理健康状态的彰显，按照儒家伦理的社会运行，保持秩序井然是再正常不过的事情了。

人类社会构成的最小细胞是家庭，"孝"是家庭伦理关系的核心，即人类社会的基本秩序保障所在，所以说"孝"是天经地义的所在。

关于"天经地义"究竟该怎么理解，要从《周易》中乾坤两卦的象辞来理解，即"大哉乾元！万物资始，乃统天""至哉坤元！万物资生，乃顺承天"。这里就不展开说了，感兴趣的读者可以读一下孔颖达先生的《周易正义》，或者参考我写的《周易》相关书籍。

《尚书·尧典》中说"克谐以孝"，"克"是"能够"的意思，"克谐以孝"是说能保持社会秩序井然，和谐温暖，整个社会像个大家庭一样，大家和和美美的，这个就是"孝"的体现。

《礼记·祭统》说："孝者，畜也。顺于道，不逆于伦，是之谓畜。""畜"在这里是"畜养"的意思。就像农村养猪一样，小猪崽刚抓来很小，每天不断饲养，畜养到二百多斤了，就可以吃年猪了，这是"畜"的意思。

这句话的意思和《周易·文言》说的"元者，善之长也"差不多，"孝"就是把合顺于道的"善"像养小猪崽一样畜养起来，让它茁壮成长。成长的方向是"不逆于伦"，也就是不能和社会运转大和谐方向背道而驰。

结合上面的解释，大家再理解一下"孝"字，现在不能完全听明白也没关系，把这本《论语实解》看完之后，"孝"的意思自然就明白了。

"弟"发"tì"音，同"悌"字。《说文解字》说："悌，善兄弟也。从心，弟声。"即，善事兄长曰弟。

"悌"字左边是个"心"字，右边是个"弟"字，即心中有弟，表达了兄弟间彼此诚心友爱之意。兄弟二字又有个"次序"的意思在其中，"善兄弟"即弟弟要对哥哥尊重恭顺，哥哥要对弟弟宽容爱护，按情理说，弟弟幼小懵懂，作为兄长哥哥当有对弟弟保护引导等义务。当哥哥的要有哥哥的样子，做弟弟的要有弟弟的样子。

儒家入世治世的具体落脚点就是五伦关系，即父子有亲、长幼有序、夫妻有别、君臣有义、朋友有信。"悌"指的是长幼有序这个范畴。

"而好犯上者"中的"好（hào）"，是"积极主动去喜欢"的意思，"好犯上"即骨子里叛逆，喜欢干"犯上"这件事。前文说过我们的文化是很强调伦理关系的，"上"指上位者，"犯上"就是打破原来的上下关系，本质上是破坏伦理秩序、破坏社会和谐的行为。"鲜"是很少的意思，比如成语"鲜为人知"就是说很少有人知道。"其为人也孝弟，而好犯上者，鲜矣"，即如果一个人能发自内心地认同并做到孝悌，而这个人又喜欢犯上，这种情况是不太可能出现的。

"作乱"指发动叛乱、暴乱等，"犯上"和"作乱"的程度和性质是完全不一样的。"犯上"属于人民内部矛盾的范畴，即自己所作所为和自己的身份不匹配。比如见到长辈，说话要有个尊重的态度，不能没礼貌，一副睥睨四野的架势，别人会觉得这个人太没教养，这是犯上僭越的范畴；而"作乱"已经严重到敌我矛盾的程度了，是吃饭掀桌子让大家都吃不成，破坏现有秩序不是你死就是我亡的性质。

"不好犯上，而好作乱者，未之有也"，即如果一个人能做到孝悌，却喜欢作乱，这是不可能的事。对一个人来说，孝悌和作乱是不可能兼容的，这两件事情是不可能出现在同一个人身上的。

"本"指"天命之谓性"，也就是作为人的根本，即一个堂堂正正顶天立地的人应该怎么去做。"务"本义是"致力，从事"，这里指专心致志、不间断地专注于一个方向。"君子务本"指为学修德这件事情，要从根本入手，时时刻刻存养良知，不偏离本性，只有如此才是正道。

"本立而道生"即找到这个根本，也就找到道了，也就是《中庸》中说的"率性之谓道"。打个比方帮助理解，如果你的身体是一辆车，心就是驾驶员，作为驾驶员对这辆车的设计目的、性能等都完全了解了，也就知道什么路能走，什么路不能走，开着底盘很低的跑车非要跑山路，这就非常危险了。从个人人生意义来说，工作和生活只是人生的载体，不是人生本身，找寻到自己人生的意义，分清根本和载体，就不会本末倒置，可为和不可为就有了明晰的界限和尺度，入世治世应对人情事变就有了明确的度量分寸。

"孝弟也者，其为仁之本与！""与"字是疑问词，相当于"欤""吗"，这句的意思为孝悌是为仁之本。这句字面意思很容易理解，深层意义需要详细说一下。

仁和义是儒家体系的根本概念，以此展开的文章举不胜举，但对于绝大多数人来说，大部分内容是看不懂的，不看之前还明白，看了之后就完全糊涂了。还有的书告诉你，仁和义是贯穿整个"四书五经"的，只要你完全理解"四书五经"了，仁和义自然就懂了，这么说其实和没说一样，是正确的废话。

仁和义究竟该怎么去理解？要从《周易》入手，按照"仁"对应乾卦，对应"大哉乾元！万物资始，乃统天"；"义"对应坤卦，对应"至哉坤元！万物资生，乃顺承天"来理解。"资生"是从"赋形"层面说的，有形即能摸得着看得见。二者是基于"天地之大德曰生"的"一阴一阳之谓道"。所以仁侧重形而上的开始，义侧重形而下的具体行为。

仁侧重形而上的开始，即侧重发心动念，比如"麻木不仁、仁人志士、妇人之仁"等，都是从心念发动处说的。"义"侧重形而下的具体行为，比如"不义之财、不义之举"等，属于能具体看得见摸得着的范畴。"不仁不义"的"不仁"是说这个人心眼坏，"不义"是说这个人做的事情不地道。

仁和义是一体的。就像一棵树，根是生发之处，对应的是"仁"；地面上能摸得着看得见的部分，对应的是"义"。不能从中间砍一刀，说地面上边的算是一个，地面下边的算是一个，因为从中间砍一刀的结果就是一棵健康的树变成了没有生机的死树，失去了"天地之大德曰生"的基础谈仁义是毫无意义的。"仁义"二字贯穿所有儒家典籍，从这个角度去理解和印证，书自然就读懂了。

这里要注意"仁之本"和"行仁之本"不是一回事。"行仁"是"仁的用"，即把这个"仁"行出来，比如看到一个人实在太可怜了，恻隐之心发动了，有个推己及人将心比心去帮他的念头涌现出来，这是"行仁"，这是从"仁的用"的角度说的。所以说行仁以孝悌为本。

从"天命之谓性"的角度来说，仁为孝悌之本，即先有"仁"才有孝悌这件事，没有"仁"孝悌就是空中楼阁了，是不存在的。所以说仁为孝悌之本。

我们再梳理下次序，"仁"是性，"孝悌"是用，说"孝悌是行仁之本"是对的，说"孝悌是仁之本"是不对的。这个地方要搞清楚体用关系，有个简单的记法，锅盖是体，盖锅是用，锅盖是用来盖锅的。"仁"对应锅盖，"行仁"对应盖锅，这样就容易理解了。

# （三）

【原文】

子曰："巧言令色，鲜矣仁！"

【老刘说】

"巧言"就是所谓的花言巧语，讨好阿谀的话；"令色"的"令"是"善于"的意思，"令色"是指一切足以取信取悦于别人的言行。"巧言令色"即通过表里不一的花言巧语，装模作样哄人开心。

注意，巧言令色侧重驰心于外，内外分离，并不代表一定就是存心不良。很典型的就是假热情，碰到演技不好的人，你能明显地感觉到他的热情只是做样子给你看，刻意讨好取悦而已，不是自然而然发自内心的真实情感流露，这种情况就是"巧言令色"。

"鲜矣仁"的"鲜"是"少、难得"的意思。这个地方圣人说"鲜矣仁"，而不说"仁鲜矣"，是因为两种讲法意思有分别。前者有感慨的语气在其中，圣人这么说，意思非常肯定直接，这种人是绝对没有"仁"的；"仁鲜矣"是平铺直叙，语气没那么肯定，是有可能还会有些"仁"在其中的意思。

仁和义的关系前文讲过，从仁到义是一条线顺下来的，心一定是在它该在的位置上才能谈到仁。心都在外面，根本不在该在的位置上，怎么可能有仁呢？

巧言令色的人不见得就是大奸大恶的人，但因为这类人的心不在该在的位置上，只是以哄人高兴为目的，所以巧言令色的人是没原则没底线的，这样下去堕落成禽兽也并不是什么难事。就像一些参加选举拉选票的人，用尽解数迎合选民，完全没底线地忽悠大众，目的很简单就是先上台再说，至于手握权柄之后的事情，是不在现在考虑范畴内的，这种人是没有"仁"心的。能真正知道巧言令色不是"仁"，也就知道啥是"仁"了。

从儒家心性功夫的角度来说，修心性要清楚内外是一体的，我们所有外面表现出来的行为和自己本心是一体的，即外在的行止语默是内心的彰显，这是"一以贯之"的事情。在待人接物上要内外一致，让心在自己该在的位置上。修身不可外求，必须要把"仁"放在首位。心是身的主宰，心如果不正，言行自然就偏了。

注意，这部分不要理解偏了，圣人强调的重点是表里如一，不是让人说话做事不顾及别人的感受。在入世治世应对人情事变的时候，要懂得处事妥当，刻意标榜特立独行，说话做事生硬死板，完全不管别人感受，等等，并不是什么直率真诚，而是心智不成熟的表现。

《周易》说："内阳而外阴，内健而外顺"，即在入世治世应对具体人情事变的时候，既要坚持原则，同时也要因人而异、因事而异，也就是我们儒家常讲的素位而行。

# （四）

## 【原文】

曾子曰："吾日三省吾身——为人谋而不忠乎？与朋友交而不信乎？传不习乎？"

## 【老刘说】

曾子，名参（学术界有两种说法，一读 shēn，一读 cān），孔子晚年弟子之一，曾子是夏禹后代。其父曾点，字皙，孔门七十二贤之一。曾子参与编制了《论语》、撰写《大学》《孝经》《曾子十篇》等作品。周考王六年（公元前435年）去世，享年七十岁。后世尊其为"宗圣"。曾子是配享孔庙的四配之一，四配为复圣公——颜渊、述圣公——子思、宗圣公——曾参、亚圣公——孟轲，孔庙中按照颜渊、子思居东，曾参、孟轲居西的位置排列。

"吾日三省吾身"的"三"表示多次，"省"指"省察"，"三省吾身"指的是每天多次省察自己。曾子对省察只说了"为人谋、与朋友交、传习"这三件事，但不是说除了这三件事，其他事就不用自省了，而是说这三件事比较重要，所以特地提出来。

"曾子三省"说的是当下就省察克治，时时修炼存养本心的功夫，不可间断。感觉到有偏，就马上导正，不是说觉察到了还继续下去，晚上回去静下来琢磨下次再改。表达的意思等同于孟子说的"必有事焉"。

"为人谋而不忠乎"中的"为人谋"有两层意思：一指为人谋某件事，即受人所托办事；二指谋事主体是分彼此的，不是为自己谋划，是当参谋支招的角色。

"不忠乎"的"忠"字是"心"上一个"中"，一竖刚好在正中间，表示心是放在"与天地准"的位置上，不偏不倚，是无私欲遮蔽，合道循理而行；"中"字放在心的正上方，表示尽心。"忠"即尽心无私。如果把忠理解成无脑盲从，就太肤浅了。

从受人所托的角度来说，反省的重点是帮别人做事的时候，有没有做到足够尽心无私。别人托付给你的事情，你答应得好好的，回头就打折扣，这不就是自己糊弄自己吗？受人之托如果不能做到尽心无私，就不仅是欺人，更是自欺，自欺就是无"诚"意了，这是严重偏离心性功夫的。"为人谋"这件事归根结底是"慎独"的体现。

从为人谋划的角度来说，虽然主体是分彼此的，但为人谋和为自己谋要一模一样，不能有分别、打埋伏，更不能说一半留一半。比如叮嘱人吃药，你得确保自己说清楚，对方也听清楚了，什么时候该吃，什么时候不该吃，剂量多大，副作用是什么，等等，不能光谈这药能治病，不提有副作用等，这纯粹就是害人了。

为人谋如为己谋就是忠；不如为己谋便是不忠。比如前面路上有危险不能去，自己肯定不会去，也告诉别人不能去是忠；如果表达意思有所隐藏，说"可去可不去你自己拿主意"，这就是不忠了。

这个地方要注意，跟人家说清楚和替别人做决定是两回事，别人的人生是人家自己的，如何选择是人家自己的权力，可以把事情清清楚楚地摆出来，让人家自己做决定，而不是替人家做决定。

前文说到的五伦关系中，只有君臣关系是说"忠"字，这是因为其他四伦（父子，兄弟，朋友，夫妻）中，都是有亲近情分在先的，感情层面的东西比较多，而君臣关系不一样，事君是以事情为主，上下分界很严格，所以说个"忠"字。毕竟在治世的位置上，一举一动都会牵扯生灵福祉，做不到尽心无私就必然会偏离君上治世的根本目的，自然就谈不到"忠"了。

> 忠和诚的关系梳理一下：一心不离本性，没有丝毫自欺就是"诚"；尽心无私就是"忠"。诚是心之本主，忠是诚之用处，诚用出来就是忠。

"不信乎"的"信"字明白了，"与朋友交而不信乎"也就清楚了。"信"是以实为信，居心行事，诚伪虚实，只有自己真正知道。从事的角度来说，

"信"即循物无违，也就是日常说的诚实。举个例子，比如自己的脚扭了，别人问你能不能走，能走就说能走，不能走就说不能走，这就是循其物而无违。为人有信，简单地说就是按照事物的原貌来解释事物，真正把答应的事情当成自己的事情去做，中间不打埋伏，不掺杂私心。

"信"和"忠"是成对出现的，"忠"是从心上说的，"信"是从具体事上说的，二者是从内到外一条线顺下来的，所以没有"忠而不信"，也没有"信而不忠"，忠信是一体的。从发自内心的角度来说叫"忠"；从具体事情的角度来说叫"信"。"忠"是"信"之本，"信"是"忠"之发，"信"是"忠"的载体，没有具体的载体"忠"是彰显不出来的。所以说"忠不忠看行动"，真正把答应别人的事当成自己的事踏踏实实去做，这就是为人有信。

"为人谋而不忠"是就一件事来说的，"朋友交而不信"是泛指，不是指具体某件事情。

人谋划自己的事情一定是尽心的，但替别人操心的时候，就不一定那么仔细认真了，只要能做到"受人之托，忠人之事"，即真正把别人托付的事情当成自己的事办，这就是"忠信"。

对于"忠信"，摘录程颢先生所说以帮助理解。"尽己之谓忠，以实之谓信。发己自尽为忠，循物无违谓信，表里之义也。"

这个地方有人会问："关于忠信之说我是非常赞同的，但在具体入世治世中，有些事情必须保密，又该怎么办呢？"

我们要知道在应对具体事情的时候，除"忠信"之外还有"仁义"二字，应对人情事变是要兼顾个"义"字的，可说和不可说之间，要懂得经权之道，分清轻重缓急。比如面对一位风烛残年身体又不好的老人，儿女不幸出了意外，是不能直截了当地告诉老人真相的，必须要注意方式方法，考虑老人身体和精神的承受能力，否则就是当场取人性命了。直截了当地说显然是不妥当合宜的，是偏离了"义"字的。

"信"和"义"的区别，我们会在后面的章节中详细讲，这里就不展开说了。

"传不习乎"的"传"字有两种解释：

第一，老师传授给自己，自己是否认真学习和践行了？

第二，自己把所学传给别人，自己是否真正践行检验过？比如有人自己根本不会开车，把驾驶指南背得滚瓜烂熟，就敢指挥别人开车过险路，这纯粹就是坑人害己。

这句"传不习乎"按照上下文来推导，应该是指把自己所学传给别人。曾子的水平是可以给别人传道的，但曾子也每天多次反问自己："我传授给学生的内容，我有没有真正印证过呢？"

自己验证过了之后才能谈传授给别人，自己都没有验证过的东西，就想当然地传授给别人，这是自欺的表现，是不配为人师表的。

这章总结一下，核心就是一句话：忠信为传习之本。以忠信为本，在忠信的前提下才能谈到传习。既为人师做不到忠信是不算人的，人都不算了，还讲什么学呢？

# （五）

**【原文】**

子曰："道千乘之国，敬事而信，节用而爱人，使民以时。"

**【老刘说】**

"道"是"治"的意思，这里指治理国家，和《为政篇》中"道之以政"的"道"是一个意思。"千乘之国"的"乘"指兵车，"千乘之国"即拥有兵车以千计的大国，泛指已经形成规模的诸侯国，这么说是区别于还没有形成稳定治理结构的区域势力。

"敬事而信"的"敬"字，指遇事如临深渊如履薄冰般，不敢轻不敢慢，也就是《传习录》中说的"主一无适"。"敬事而信"即处理事情做到一个"敬"字在先，这样才能取信于众人，建立足够的行政威信。打个比方，单位在管理的时候会有考勤，抓考勤不是为了抓谁迟到谁早退，如果是为了执行制度而执行制度，这个制度也就失去了存在的意义。抓考勤的根本目的是让所有员工建立对制度最基本的尊重，如果大家对制度都没有敬畏之心，再好的规章制度再完美的流程，也都是摆设，没人会当回事。

"节用而爱人"指治世要以人为本，勤俭治国，当用则用，当省则省，一粥一饭当思来之不易，半丝半缕恒念物力维艰，推及天下大众，要能推己及人，爱惜民力民生。

"使民以时"的"时"指农时，使用民力徭役的时候，尽量不要妨碍农时。比如兴修水利等需要动用民力的事情，要安排在农闲季节，不能放在春种秋收正是农忙的时候，否则会影响一年的收成，对广大农民实际利益伤害很大，民怨纷起就会影响统治根基。

社会是由人组成的，一个国家，广大劳动人民是根基和最基础的组成部分，就像人体的细胞一样，单独一个细胞的生死不会对人造成什么实际伤害，但如果因为某种原因某类细胞开始大面积死亡，这个人基本也就活不成了。

治世首先要有人，只剩下一个光杆皇帝谈治世就没任何意义了，所以，在乎基层民众的具体利益和感受是治世者必须懂得的基本道理。

现在很多单位搞团建效果很差，主要原因就是忽略了参加团建员工的真实感受。很多基层员工一周上班下来累得要死，周末就想好好休息陪家人放松一下，结果周末的时候，单位非要拉着员工去团建，又是农家乐又是爬山，层层领导都在场，要想继续在这个单位工作，就必须照顾好领导的感受，费神费力吃不好喝不好。但凡有过几年工作经验的人都知道，吃场面饭是很累的，真不如自己在房间煮个方便面，下俩火腿肠来得自在。员工吃不好也玩不好，怎么可能不怨声载道呢？这种搞法显然不是"使民以时"。

这一章的脉络梳理一下，圣人说"道千乘之国"而没说"治千乘之国"或者"理千乘之国"，用了一个"道"字，是说治理国家的时候，根本的"道"就在"敬事、信、节用、爱人，使民以时"这五项，具体的礼乐刑政等是在这个根本上延伸出来的，没有这个根本，就相当于盖房子没地基。如果不能以此为本，结果就是上下离心离德，所谓具体制度、程序等，就都是空中楼阁了。

这五件事中，"敬"是根本，如果心无敬畏，治世者自己都不拿这当回事，具体干活的人又怎么可能真正把事情放在心上呢？这么做又怎么可能取信于天下呢？所以，不敬的结果必然是不信。

这个道理很浅显，比如一个大公司，今天总经理说了件事情，说完之后，自己没拿这事当回事，下面的副总、总监等，一看总经理都不拿这事当回事，他们怎么可能拿它当回事呢？管理层不重视、当儿戏，基层员工又怎么可能拿这件事情当回事呢？总经理心里没有个"敬"字在前面，说的话跟没说又有什么区别呢？这种事情搞了几次之后，下面员工就会觉得总经理说话不能信。只有总经理心中真正有个"敬"字在，管理层才会认真当回事，这个"信"才能建立起来。

治理一个国家是同样的道理，政府发出一个政令，当政者自己都不当回事，回头就忘了，这就是没"信"了，也就是公信力很低，这样的政府说出的话老百姓是不信的。如果政府朝令夕改，缺乏公信力，就算把商鞅这样的能人拉过来治理国家，后面的"节用而爱人，使民以时"也只是空谈而已。

当政者无信，一天一个主意，今天想到要"节用"马上就落实，明天觉得该奢侈一下就奢侈一下，今日俭，明日奢，节用又如何做得到呢？

不会"节用"，国库里就存不下钱，一旦有事，便会急征暴敛，"爱人"就只是一句空话了。就像小家过日子，老话说"吃不穷穿不穷，算计不到就受穷"，平常不会节用，遇事难免抓瞎，甚至付出更高的成本去解决问题，比如不得不接受高利贷的盘剥等。

"爱人"做不到，就不能真正体恤民情，谈"使民以时"就更是一句空话了。

这五件事是顺序关联的，有"敬"才能有"信"，有"敬信"才能有"节用"，"爱人"就是水到渠成的事情。能从百姓的角度考虑事情，"使民以时"也就是自然而然的事情了。

　　为政者如果不能心有敬畏，就很难将事情落到实处；为政者只知节用不知爱民，就会和百姓上下离心离德；爱民这件事情要落到实处，关键是勿夺其时。该收庄稼的农时，上位者一拍脑门开始征发徭役，一征发徭役农民的庄稼就收不到粮仓里去了，爱民就是一句空话了。所以爱民的重点是"使民以时"。

　　注意，《学而篇》讲的都是固本的内容，而这一章讲的则是为政的内容，为什么把这一章放到《学而篇》中呢？因为这一章讲的是为政之本。而《论语·卫灵公》"行夏之时，乘殷之辂，服周之冕"等，属于针对颜渊提问的回答，只是个对症下药的意思，不是治国的根本。这一点大家要清楚。

# （六）

**【原文】**

　　子曰："弟子，入则孝，出则悌，谨而信，泛爱众，而亲仁。行有余力，则以学文。"

**【老刘说】**

　　这一章圣人本意的重点在前一句"弟子，入则孝，出则悌"，后面的话是次要的。学《论语》不能偏离圣学根本，否则容易支离破碎，反而迷失在文意之中。

　　"入则孝，出则悌"指弟子在家做到孝道，出门做到悌道。儒家讲入世治世不能不和人打交道，和人打交道就要讲清楚具体用力处和落脚处，这个地方不说清楚，就都是空谈了。这个用力处和落脚处就是五伦关系，即要做到父子有亲，君臣有义，夫妇有别，长幼有序，朋友有信。

　　"谨而信"的"谨"是"谨慎"，"信"是"信实"。"谨而信"即弟子言行应该谨慎信实。

　　"泛爱众"的"泛"是广泛的意思，就像水在地上漫延开来一样，只要高度一致，都可以润泽到。"泛爱"不是指刻意去爱具体某人，而是指要遵守公德，有个推己及人将心比心的恕道常在。比如集体生活的时候不给人添堵，与人相处不处处占便宜等。"泛爱众，而亲仁"指对所有人都不能有先入为主的厌恶，要有明德亲民在先，但"仁"是根本，对众人中有仁德者会更亲近一些。这么说是区别于墨家讲的兼爱，墨家讲兼爱是说对路人要和对亲人一样，儒家讲对人是有亲疏厚薄的。

"行有余力"不是说"入孝出悌"的道理自己完全通透了，行之绰绰有余。文王都是"望道而未之见"，我等凡夫俗子怎敢说自己的道行有余，敢这么说的人，要么蠢要么坏，没有例外的。

"则以学文"的"文"指六艺等，按照现在的说法，不仅包括圣人典籍，还包括人文社科、自然科学、各种技术技能，等等。不学"文"，就会事事做不来。"文"是入世治世的具体载体，没有载体，上达功夫只是空中楼阁，毫无意义。如果不学"文"，就没有办法知道事理究竟是什么，是否妥当。

所以，具体的"文"是必须学的，如果不学，就是由着性子想当然，又怎么可能不错呢？特别是技术技能层面，就像爬山一样，是按照次序一步步攀爬上去的，缺了前面的基础，后面就不用说了。

"学文"有两层意思：一是指博学于文；二是指著书立说。"则以学文"在这里指只有搞清楚本末先后，才能践行"学文"的事情。

知道根本是什么，也就知道看世界的角度和尺度是什么。自己有分辨能力，"博学于文"的时候，就知道是非对错，知道如何取舍；自己著书立说的时候，就知道方向和尺度是什么，不会偏离根本而误人子弟。

但学问高不代表这个人的人品一定好，大学教授不一定比小区门口卖油条的大妈更高尚，所以"做事先做人"，不可把"文"放在"孝悌"前面，这个次序是不能变的。

"行有余力，则以学文"是说能时时存养良知，做到孝悌常在，居常无事，则可以学文讲义了。打个比方，新手开车处于技术不够熟练的阶段，能忙活好眼前就不错了，当驾驶得非常熟练了，开车就不会像初上路时一样紧

21

张得手忙脚乱，这个阶段甚至可以边开车边和副驾驶位置的人聊天，两边不耽误。"行有余力，则以学文"说的就是老司机开车很熟练了，已经具备了边开车边聊天的能力。

这一章小结一下，前面说的是根本所在，后面说的是有根后长出来的枝叶。如果发端处就错了，后面就会偏离正道，越走越偏。读《论语》的时候，分清其中轻重次序很重要。

# （七）

## 【原文】

子夏曰："贤贤易色；事父母，能竭其力；事君，能致其身；与朋友交，言而有信。虽曰未学，吾必谓之学矣。"

## 【老刘说】

这一章是子夏说的，子夏这个人简单介绍一下。

子夏，姓卜，名商，字子夏，比孔子小四十四岁，孔门十哲之一。子夏曾跟随孔子游列国，孔子去世后，子夏前往魏国教学育人，收取李悝、吴起等人为弟子，魏文侯尊其为师。晚年丧子失明。子夏的生活较为清寒，《说苑·杂言》称他为人"甚短于财"；《荀子·大略》则说"子夏贫，衣若悬鹑"。"悬鹑"的"悬"是"悬挂"的意思，"鹑"就是"鹌鹑"，鹌鹑毛色斑驳尾巴秃，就像披着破衣烂衫，说子夏"衣若悬鹑"，意思是子夏穿的衣服都破破烂烂的，家里显然很贫困。子夏是很典型的"贫贱不能移"，子夏说："君子渐于饥寒而志不僻，鍗（kuǎ）于五兵而辞不慑，临大事不忘昔席之言。"

有人劝子夏出来做官改变贫困的处境，子夏表示不愿意为这点蝇头小利而委屈自己，说："诸侯之骄我者，吾不为臣，大夫之骄我者，吾不复见。"从这个角度说，子夏是个极有原则的人，绝对不会委曲求全。能做到这种程度，说明子夏心性水平很高，非常清楚自己追求的是什么，是能真正把"身所欲"放下，专心追求"心所欲"的一个人。

周安王二年，子夏去世，从祀于孔庙，唐玄宗时，被追封为"魏侯"，宋代又加封为"河东公"。

"贤贤易色"前一个"贤"字是动词，是"尊敬，推崇，向往"的意思；后一个"贤"字指贤人，即有德之人。"色"此处指女色，女有姿色，男子悦之，《论语》中提到"色"，一般指女色。

"贤贤易色"有两种理解，个人觉得都对：

第一，"易"指改变，"贤贤易色"理解为"一个人有见贤思齐之心，就能改变好色的毛病"。也就是说能提高自己的追求境界，从"身所欲"的层次提升到"心所欲"的层次。能改掉好色这个毛病，根本还是个"诚"字，"诚"彰显出来，好色的毛病也就根除了。

第二，从整章总体结构来看，也可以从五伦关系角度理解，这句可以理解为专说"父子有亲，君臣有义，夫妇有别，长幼有序，朋友有信"中的夫妇一伦，即从为人丈夫的角度，度量妻子应该以贤德为主要标准，而不是以貌取人。对于一个家庭来说，一个贤德的妻子对家庭和睦的作用至少延续三代，一个优秀的母亲对子孙后代的润泽至少五代，所以娶妻当以贤德为首要度量标准。

一个人无论能力大小，态度到不到位是很重要的。"事父母，能竭其力"指在事父母这件事情上，能无所保留凡事尽力为之，不会推脱找借口，有十分力气不用九分。

"事君，能致其身"中的"致"是"委托，托管"的意思，"致身"的意思差不多等于"把此身委托给君王，看他如何量才而用"，这句话强调的是把尽心无私放在前面，不为自己的私利打小算盘。君子事君能做到时刻省察克治，心不被私欲攀附，良知时时彰显，这就是"忠"。

朋友的水平有高有低，期望和每个人都能互相印证、互相切磋琢磨是不现实的，但与朋友相处一定要做到言而有信，这是五伦关系中应对朋友关系最基本的原则。

有的人天资禀赋很好，天生就明白事理，所思所想所作所为能合乎天理，没有读过多少圣贤书也能做到暗合圣人之意。对于这类人，我们也要向其学习，因为他们所表现出来的，正是我们孜孜以求的。

这一章讲的核心是五伦关系中"父子有亲，君臣有义，夫妇有别，朋友有信"的具体落实标准。上一章"则以学文"是孔圣人说的，这一章是子夏说的，圣人说话是没有弊端的，由本及末，先后有序，不会有什么误导的地方，也就是说绝对没有后遗症。子夏说话水平要比圣人差一些，子夏讲的内容是让人务本，不能说不对，但有所偏颇不够严谨，这句"虽曰未学，吾必谓之学矣"暗含"只要某人天生资质好，就算不学圣人言，也不打紧"的意思在其中，这就有后遗症了。

# （八）

## 【原文】

子曰："君子不重，则不威；学则不固。主忠信。无友不如己者。过，则勿惮改。"

## 【老刘说】

"君子不重，则不威"的"重"是"厚重、稳重"的意思；"威"指"威严、威信"。人不够厚重，做事不够成熟稳重，很难得到别人发自内心的尊敬，是不容易建立起威信的。举止轻佻浮躁，做事毛毛草草粗心大意，又怎么可能赢得别人的尊重呢？

"不重"通常表现为屁股坐不住，心里总像长草一样静不下来，没个能宁静的时刻，心猿意马四处乱窜，东想西想，一会一个念头。身的主宰是心，心不定身是不可能举止稳重的，面对一颗浮躁不定的心，心性功夫是没有着手处和用力处的，就更不要说心性水平提高了，这样又怎么可能窥见圣学门径呢？圣学的大门朝哪边开都不知道，所学的东西又怎么可能扎实牢固呢？所以"学则不固"是从"不重，则不威"一条线顺下来的。

读书比较仔细的读者在这个地方会有个疑问，"君子不重，则不威"中既然都已经称为"君子"了，又怎么可能不厚重呢？换句话说，不重不威的人怎么能当君子呢？这个地方圣人这么说，意思是君子之道就是如此，只有如此才能达到君子的高度。

"主忠信"有两种理解：

第一，"主"字理解为"以某为主"，"主忠信"即行事以忠信为主。

第二，"主"字理解为"亲近"，"主忠信"即亲近忠信之人，这样文意就和下文"无友不如己者"的交友内容相对应了。

个人理解，第一种解释更符合儒家原意。"忠"是从心的角度来说的，"信"是从事的角度来说的。《周易·文言·乾》说"忠信，所以进德也"，"主忠信"指在入世治世应对人情事变时，要把"不诚无物"放在首要位置上。心秉承个"诚"字在先，"忠信"只是个自然发用。如果不能"忠信"做主，表现得再道貌岸然，也是个样子货，甚至堕入伪君子之流。

人做事自始至终"诚"字是不能间断的，一旦间断就会"便皆无物"，再接续起来就不是那么回事了。就像电饭煲煮饭一样，从米下锅开始电要一直通着，直到饭煮熟了自动保温，这样煮熟的饭才好吃，如果电一会断一会通，始终不稳定，最后煮出来的饭要么夹生要么煳底，是没法吃的。

"无友不如己者"这句是圣人教人的求友之法，选择朋友就像选择老师一样，最好是选择水平比自己高的，经常和水平比自己高的人交往，就容易见贤思齐。一个人只有不断地去和比自己水平高的人交朋友，才更容易进步。人如果喜欢和水平不如自己的人交友，很容易越学水平越低，这是为学的忌讳，应该引以为戒。

"无友不如己"是说朋友的水平要大于等于自己的水平，人交朋友须求有益。如果交的朋友都是不如自己的，怎么可能有益呢？况且，明知道朋友水平不如自己，时间久了，容易心无敬畏，生出轻慢之心，对彼此都不好。

朋友的水平难免参差不齐，对水平比自己高的朋友，要懂得"三人行必有我师"的道理，多虚己相学，谦恭自守；对水平比自己低的朋友，如果对方有上进之心，可以在交往中引导教化，前提是"匪我求童蒙，童蒙求我"；对其他水平不及自己的人也不必刻意拒绝，只是不会花很多时间和精力而已，毕竟人生只有几十年，时间和精力都很宝贵；和自己水平差不多的人可以彼此借鉴共同进步；至于人品不好别有用心的人，要尽量避开，不与之为伍。

"勿惮改"的"惮"是"畏难"的意思，"畏"的原因是缺乏直面自己错误的勇气。"过，则勿惮改"即人都有犯错的时候，过而不改，就会有更大的灾祸发生，《周易·系辞上》说"无咎者，善补过也"，就是这个道理。

有过能改，善莫大焉。对自己的过错，要勇于改正，不能畏难苟安。改过这件事情，要注意个"速"字，不可拖拖拉拉，就像打扫厨房卫生，拖得越久，污垢越重，后面打扫起来越费力，最后实在打扫不出来，只能重新装修了。

这个地方注意，从汉朝以来，《论语》的注疏很多，解释得也不一样，学的人要用自己的心体来印证，从中选择接受，要清楚文字只是载体，不是根本，要用根本来印证，不是用载体印证，不能本末倒置，只有这样才能真正上达。

《小马过河》故事中的小马，不能听了松鼠的描述就认为自己过河会被淹死，也不能听了老黄牛的描述就认为河水只到膝盖，能清晰知道自己的特质，选择符合自己特质的方式过河，就是智慧。

所以，本人写的内容，不代表是真理或者标准答案，只代表它在我的意识世界里被证明是正确的，仅此而已。

# （九）

**【原文】**

曾子曰："慎终，追远，民德归厚矣。"

**【老刘说】**

"慎终"的"终"指的是父母去世，去世是人生命的终点，阴阳两隔，再无相见之日。一个人一生只有一个丧礼，如果送终的事情上有所遗憾，是无可追悔的，所以要谨慎尽其哀悼之情。

"追远"的"远"指祭礼，也就是我们常说的祭拜。比如中华丧葬习俗中，出殡日起三天圆坟，烧七一般烧单数，按丧事习俗，烧头七、七七，以死者儿子为主，称作有头有尾；三七，以死者儿媳为主；五七，以死者女儿为主。百天祭、周年祭、三周年祭、百年祭等，这些都是祭拜的范畴。

活着的人相处，很容易因为功利夹杂，不容易看到人与人之间所应有的深情厚谊。比如无论在工作中还是在生活中，一个人对另一个人很热情，就会令人生疑：究竟是出于真正的感情，还是因为有求于人不敢得罪，抑或是基于其他利益考虑呢？当事人是没有办法真正弄清楚的。而对于不在世的人来说，是没有什么功利夹杂的，人已经走了，再多的深情厚谊也不会有什么回报，所以在"追远"中更能体现出真实感情。

"民德归厚"的"厚"是有余的意思，就像冬天穿棉衣，一件已经很暖和了，外面再披件大衣就更暖和了，再披件大衣就是厚的意思。对逝去者能始终有个"诚"字在，真情流转，尽其哀悼之情，就是良知天性的自然彰显。

治世者能在"慎终"和"追远"这两件事情上足够重视并加以引导，是教化民众的具体体现，这样就能使公序良俗得以彰显，社会道德日趋笃厚。曾子说"慎终，追远"的时候，是指面对去世的人。我们学习的时候，不能仅仅局限于丧葬祭祀这些事情，要推而广之，事事皆要如此，即天下事都要做到"慎终，追远"。

"终"指结果，"远"就是在时间轴上逆向反推到开始的因由，即事情的远因。每件事的结果，都是由远因萌发而成的，就像每棵大树都是由最初一枚小小的种子长成的。

普通人大多只看眼前，很多罪犯往往是在被执行的时候，才会放下侥幸，痛哭流涕悔不当初，但面对悔之晚矣的结局痛哭流涕是改变不了任何现实的。相对于平常人，圣人从"因"开始就是极其慎重的，如果"因"不合天理，就不会让这个"因"萌发。格致诚正的心性功夫，就是从心念萌发处做功夫，心念不能合于天理，就要遏制它，在源头处就连根拔起，自然就不会有后面的恶果。

如果每个人都重视一件事的因，而不是重视这件事的果，那么社会自然就会厚道和谐。之所以社会上会出现一些乱七八糟的事情，就是因为有很多人只看眼前利益，不顾忌后果，心存侥幸。这么干的结果不仅会害了别人，最终也会害了自己。

"慎终，追远"归根结底就是一句话："与其要好的结果，不如有好的开始。"大家清楚这个道理，社会风气自然就会日渐醇厚。

一件事到收尾的时候，能不能把句号画圆满，是需要反问自己的；回溯源头，是否能前事不忘后事之师，是需要认真思考的。治世者多是赏赐眼前有功的人，如果追念久远的人和事，何尝不是自己德厚的体现呢？对治下之民何尝不是教化呢？

儒家不讲彼岸，孔圣人说："未知生，焉知死？"但儒家极重葬祭之礼，葬祭之礼是孝道的最后表现。对死者能尽己之真情，在死者角度无实利可得，在生者角度无好处可期，这是超越功利计较之外的事情，是生死之间一种纯真之情的表现，是人性光明一面的彰显。

明知其人已死而不忍以死人待之，正是孟子所说的不忍之心。于死者尚所不忍，对活人可想而知。能慎终追远，就是从人心深处立教，仁心与仁道正是源于此处。

# （十）

## 【原文】

　　子禽问于子贡曰："夫子至于是邦也，必闻其政，求之与？抑与之与？"子贡曰："夫子温、良、恭、俭、让以得之。夫子之求之也，其诸异乎人之求之与？"

## 【老刘说】

　　这一章涉及两个人物，需要简单介绍一下。

　　子禽，姓陈名亢，字子禽，十八岁入孔门，后随孔子到卫国（今河南滑县、濮阳一带），以儒士身份，留在卫国做了官。《河南郡志》记载，宋大中祥符元年（1008年）宋真宗赠封孔子为"玄圣文宣王"，陈亢同时被赠封为"南顿侯"；明嘉靖九年（1530年），明世宗封孔子为"至圣先师"，陈亢被陪祀于孔庙。

　　子贡（公元前520年—公元前456年），复姓端木，字子贡，春秋末年卫国黎（今河南省鹤壁市浚县）人。孔子的得意门生，孔门十哲之一，善于雄辩，且有干济才，办事通达，曾任鲁国、卫国之相。还善于经商，是孔子弟子中的首富。

　　《论语》中对其言行记录较多，《史记》对其评价颇高。子贡死后，唐开元二十七年（739年）被追封为"黎侯"，宋大中祥符二年（1009年）被加封为"黎公"，明嘉靖九年（1530年）改称"先贤端木子"。

　　"必闻其政"的"闻"字，甲骨文字形像一人跪坐以手附耳谛听的样子，本义为"听到、听见"，引申义为"知道、听说"。另外，"闻"也指听到的内容，主要指知识，也指传闻、事迹等，用作名词。"闻其政"就是打听、了解或参与这个国家的政事。

　　"求之与"即自己主动去争取参与政事的机会，这句话句尾的"与"是语气词，没有实际意思。"抑"是"还是"的意思；"与之与"即这个国家的君王主动邀请，自愿请孔夫子参与国事。

很显然子禽向子贡提出疑问的时候，是不可能当着老师面问的，一定是把子贡叫到没人的地方来问子贡。直译过来就是，子禽私下里问子贡说："老师每到一个邦国，都会想办法知晓这个国家的政事，他是想争取参与政事的机会呢，还是这个邦国的君王主动邀请他参与政事呢？"

子贡回答说："夫子温、良、恭、俭、让以得之。夫子之求之也，其诸异乎人之求之与？""温、良、恭、俭、让"这五个字展开说一下，这五个字搞清楚了，这一章也就真正理解了。这五项都是"器"层面的事情，不是"道"层面的事情。是能摸得着看得见、表露在外的事情。一个人能在入世治世中完美彰显出"温、良、恭、俭、让"这五种美德，说明这个人已经达到了圣人水平。

温：本义表示加热浴盆里的水，让水温适中，这显然是泡澡的节奏，泡澡的水温一定要适中，水太冷了，人下去受不了；水太热了就会让人更受不了。所以"温"的引申意思指给人冷热适中、舒服柔和的感觉。人们常说"谦谦君子，温润如玉"，说的就是与人相处时，让人觉得柔和、舒服、有安全感、很放松。

良：《说文解字》说："良，善也。""良"字就是人之初心，即"元者，善之长也"。孟子说"人皆有不忍人之心"，也就是"恻隐之心"，从这个"善"自然彰显出来的行为就是"良"。圣人行事是不求于人的，即不会把外部形势或者别人意愿当作行为的参照尺度，圣人做事只是内求于心，违心之事不为。孟子说："自反而缩，虽千万人，吾往矣"，也是内求的意思。圣人教化天下，圣人也是教人先求此心，先有良善之心，后面的事情自然就不会偏了。

恭：举止肃敬且谦逊有礼貌，"举止轻佻、嬉皮笑脸"与"恭"的意思完全相反。这个地方注意，"恭"和"敬"是有区别的，"恭"强调能看得见的行为举止；"敬"则侧重内心层面。所以说："在貌为恭，在心为敬。何之所说，从多举也，夫貌多心少为恭，心多貌少为敬。"

俭：不奢侈放肆，在外物上不铺张浪费，延伸意思指一个人的自信心不是靠这些外物支撑的，而是靠内心饱满撑起来的。

有些人痴迷奢侈品，根本原因是过分自卑，就怕别人瞧不起自己，内心无法饱满起来，自信心只能靠外物包装，如果把这些东西全部剥离掉，自信心马上就没了。我以前就碰到过这样的人，他出门谈事情，路上发现撑门面的名表忘记戴了，整个人的状态完全变了，就像一个被放了气的篮球，完全看不到自信了。

儒家心性功夫讲的是内求于心，精气神的彰显靠的是自己内心的饱满，不是靠外物包装，今天背着价值几十万的包出门自信满满，明天拎个纸袋出门也一样自信满满。昨天和今天的精气神不会有什么区别，这是儒家修身中"俭"的意思。

让：即谦逊且先人后己。"让"不是懦弱无能当软柿子任人欺负，而是坚守自己底线的高风亮节，儒家"上马击狂胡，下马草军书"，孔曰成仁孟曰取义，何曾有过懦弱奴性的意思呢？甚至在《孟子·离娄下》中有"孟子告齐宣王曰：'君之视臣如手足，则臣视君如腹心；君之视臣如犬马，则臣视君如国人；君之视臣如土芥，则臣视君如寇雠'"。这话可是孟子当着齐宣王的面说的。

对于有"争"的事情，该争的坚持原则去争；可争可不争的尽量做到将心比心推己及人，再做思量；不该争的坚决不争。

这个地方注意，上进心和好胜心不是一回事，上进心是和自己比，好胜心是和别人比，一个内求一个外求，不可混为一谈。

对于子禽私下里问子贡的问题，子贡是不好正面回答的，毕竟作为弟子在背后评价老师不妥当，所以子贡从另一个角度来说这件事情，等于是对小师弟进行启发式的教育，让他自己去思考判断。

子贡说："我们的老师是具备温、良、恭、俭、让这五项美德的，自然能得到国君由衷的礼遇和尊重，君王也是非常希望能有一个没有私心的高人，谈谈对治国理政的看法，并予以指导。就算是夫子想有所作为，也不会像一般人一样，把别人推开自己抢过来干，而是在实在推脱不开的时候，才勉强自己出来做。假如你认为老师对政治有一定的想法，恐怕他所求的也不是一般人所能了解的。"

其中道理很简单，认知低的人很难理解认知高的人的想法，就像学下围棋一样，自己的水平还处于只能计算出下一步的阶段，是没有办法理解九段高手为什么如此落子的。所以子禽有此一问，子贡有此一答。

# （十一）

## 【原文】

子曰："父在，观其志；父没，观其行；三年无改于父之道，可谓孝矣。"

## 【老刘说】

"父在"指父亲在世的时候，"观其志"的"其"指儿子，"志"指志向，这里的"志"和阳明心学中讲的"立志"是一个意思。"父在，观其志"是说父亲在世的时候是父亲主事，儿子不主事，具体行动要听父亲的，这个阶段观察的侧重点是儿子的"志向"。

"父没"指父亲去世以后，"观其行"指父亲去世之后，儿子开始主事，就有了自由裁量权力，自己能决定自己干什么，而父亲在的时候不行，父亲主事的时候，儿子做事都得听当爹的，当爹的让干什么就干什么，没有多少自主权，所以父亲去世儿子主事这个阶段观察的侧重点是儿子具体的行动。

父亲在世的时候，如果是父贤子不肖，鉴于父亲威信在，儿子就算想干坏事也不敢，这个阶段不能因为儿子没有不好的行为就认为他是贤德的，要侧重看儿子的志向。同样的道理，如果是子贤而父不肖，儿子想做好事，但因为父亲从中作梗，也不见得一定能看到儿子的善行，判断标准还是要从儿子的志向入手。等到父亲去世了，儿子可以做主了，他的行为就是自己志向的彰显了，从他的具体行为就可以推断出他的品行。

"三年无改于父之道"的"道"指"事"，这一句有两种解释：

第一，从治国的角度理解："道"指治国之事，先帝驾崩，新君继位，父丧大悲无心问政；新人刚刚接手治国的事，是没有什么经验的，这个时候应该先观察，不可妄动，所以要先求稳，屁股坐稳之后才能考虑按照自己的意向做调整。"治大国如烹小鲜"，在锅里煎鱼，翻鱼的动作要非常小心，否则就会把鱼肉翻碎了。

第二，从齐家的角度理解："道"指具体的家事，比如父亲在世的时候，张三家嫁女要送礼金一千元，现在父亲去世了，张三家嫁女还是送一千元礼金，不会增加也不会减少；与亲朋好友街坊邻居以前的关系怎么样，现在还怎么样；家里以前穿衣风格、伙食费标准、家庭成员内部关系等，也不会因为父亲去世而改变。

父亲去世以后，这些是自家对外形象的具体表现形式，是要顺延下去的，就算调整也是要慢慢来的。父亲刚刚去世，就马上否定父亲制订的事情，这和直接指责父亲在世的时候做事不对是同样的意思，显然是不妥当的。换个角度来说，如果自己处于父亲的位置，自己刚刚离世，马上就被清算，显然会有种"人走茶凉，翻脸无情"的感觉，自己心里一定是很不舒服的。所以，就算是想做一些调整，也要慢慢来，不能着急。

从持守家业来说，家族企业中，权力交接的时候，少爷觉得老爹是老古董不适应当前形势，接班后马上就轻率地大刀阔斧地进行所谓的改革，结果就是大厦倾覆，这种情况实在是太多了。

学习这一章要注意，"三年无改于父之道"要从循理的角度来理解，不能死教条。如果"父之道"本身就是合情合理的，就没有必要非要去改动它，终身遵循都是可以的；如果"父之道"是害人的，就需要马上改，不用等三年再说；妨害不大的事情，要慢慢调整导正。

孔圣人以人心立教，儒家圣人典籍只从本心印证即可，接地气很重要，如果过分好高骛远地理解，反而会偏离圣人本意。

现代解析《论语》的书很多，有些人把《论语》讲得高不可及，听起来高大上，实际上完全落不了地，讲的都是正确的废话，入世治世的时候完全不能用，这就失去了圣人本意。

# （十二）

## 【原文】

有子曰："礼之用，和为贵。先王之道，斯为美；小大由之。有所不行，知和而和，不以礼节之，亦不可行也。"

## 【老刘说】

"礼之用"的"礼"通"天理"的"理"，《通书述解》说"礼，理也"，"天理"在人类社会的具体彰显，是体现在礼仪礼节上的，礼的主要作用是使公序良俗得以理顺，社会和谐健康稳定。

我们常说"教养"这个词，"有教养"本质上是有智慧的体现，有教养的人会因为自己的教养，而最大限度避免无谓消耗宝贵人生资源的事情发生。

人类社会中，人与人之间因为彼此个体差异和成长环境、教育程度、阅历等的不同，对事情的看法必然会有所不同，彼此之间难免会有矛盾。调整这个不同，调和这个矛盾，就靠礼。法律也是靠礼的作用，治国理政的本质是建立和谐稳定的秩序，只有如此才能保证社会健康运转。

要研究中国文化，《礼记》是不能不看的。《礼记》这部书并不是只讲礼节礼貌的，礼节礼貌只是礼的表现形式而已。"礼"主要是通过形而下的行为来承载形而上的"天理"。

"礼之用"的"用"指的是"礼"的彰显和具体体现，这个地方要从"体用一源"的角度理解。体用关系的简单记法即"锅盖是体，盖锅是用"。

体用不是固定的，而是随时变易的。比如我站在一个位置，南边有个柱子距离我有10米远，我现在向南走20米，这个柱子就在我的北边了。再如太极图中，从两仪的角度说，太极是体，两仪是用；从四象的角度来说，两仪是体，四象是用；从八卦的角度来说，四象是体，八卦是用。所以体用是个相对的关系，不能理解僵化了。

为什么治世要反复强调这个"礼"字呢？这是因为礼能让人类社会和谐稳定，而和谐稳定秩序的建立是人类社会健康运转的最基本保障。人类社会一旦失去稳定秩序，就会陷入混乱，丛林法则横行，人人自危，朝不保夕，今天不知道能不能看到明天的太阳，对每个人来说，都是巨大的灾难。

古人说：宁为太平犬，莫作乱离人。秩序意味着光明和安宁，意味着内在的自由和自我控制；秩序是人类最大的需要，是实现真正幸福的最基本保障。

"礼"的外在表现，是在人群间加以种种分别，分别出次序位置等，就像安装一辆汽车，每个零件要放到应该放的位置上，只有这样，这辆汽车才能正常使用，发挥它作为汽车的作用和功能；如果不按照装配图，而是随心所欲地乱装一气，最后得到的只是一堆零件的无序组装，而不是一辆汽车。

"礼之用，和为贵"的"和"强调的是社会的和谐稳定和秩序井然，这个"和"字与《周易·文言·乾》中"利者，义之和也"的"和"是一个意思。从现象来看"义"是个丁是丁卯是卯，分界清晰，凛然不可侵犯的存在，看着好像与"和谐稳定"的"和"没什么关系。实际上，正是因为上下左右的边界清晰明了，才会秩序井然，才有和谐稳定。僭越忤逆这样的事情显然是不义的，结果当然是远离这个"和"字的。

孟子说"未有仁而遗其亲者也，未有义而后其君者也"，也是这个意思。每个人守好自己的本分，做父亲的守好做父亲的本分，做儿子的守好做儿子的本分；做领导的守好做领导的本分，做下属的守好做下属的本分。结果自然会和而有别，不会有上下相攘相夺，社会自然就会在"礼"的约束下和谐稳定。

"先王之道，斯为美"中"先王"和《周易》中的范畴是一致的，只包含"君王"不含其他人，比如《周易》比卦"先王以建万国"，豫卦"先王以作乐崇德"，复卦"先王以至日闭关"，涣卦"先王以享于帝立庙"。包含"君王"和"诸侯"的称为"后"，比如泰卦"后以财成天地之道"，姤卦"后以施命诰四方"。

"先王之道，斯为美"中的"道"指"礼之用，和为贵"这六个字。"斯"是"此"的意思。"为美"即和在礼中，以和为美，守礼能让人有愉悦安定的感觉。

从个人角度来说，很多人会想当然地认为礼节礼仪是一种束缚，又怎么说守礼能让人有愉悦的感觉呢？这是因为圣人制定礼仪礼节，本身就是法天则地循理而行的，所以对应到人身上，只是自然而然，人是不觉得有约束的。知道这是当然之理，自然就心悦诚服地接受它了。例如，身上被划个口子当然很痛，谁都不愿意，但如果是得病了需要动手术，虽然也痛，但被开刀的人是心甘情愿的，甚至是非常向往的，心里就不会有抵触了。再比如，在职场中，领导要有领导的威严，如果某一天领导突然对自己非常客气，自己心里反而会惴惴不安，完全没底了。

从治世角度来说，吾心安处便是和。无论处于社会的哪个位置，只要构成社会的每个个体都能心安，这个社会一定是和谐稳定的，每个个体都可以按照符合自己具体情况的方式好好规划自己的人生，又怎么会心有不悦呢？所以这个地方说"斯为美"。

"小大由之"的"由"是"用"的意思；"有所不行"的"有所"是"有一些，有一部分"的意思。"小大由之。有所不行"即大小事情都要符合"礼"的精神，如果不这样，有些事情是行不通的。我们的文化中，理是放在前头的，俗语说"有理（礼）走遍天下，无理（礼）寸步难行"，所说也是这个意思。

"不以礼节之"的"节"是"节限"的意思。比如一根竹子，是上下相通的一体，但每两段之间的竹节让上下之间的分界清晰明了。就算是父子、夫妇、兄弟之间，就算关系再亲密，也是有所分别的，边界分寸要清晰，只有彼此能止步于这个临界点，亲密关系才能安稳长久。一旦越界，难免鸡飞狗跳一地鸡毛。比如夫妻之间，如果不能各安其位各守其分，非要争个大小多少，是东风压倒西风，还是西风压倒东风，这样的家庭相处模式是没办法真正和谐美满的。

"和"是"礼"之用，而不能反过来。为了"和"而"和"是不行的，要做到"和"，必须把"礼"放在前面，偏离了"礼"谈"和"，是本末倒置。

天下的事情，秩序井然的时候，不和谐稳定是很少见的，但是不遵从"礼"精神的一团和气却很多，这种和气不是真的和乐，反而会滋生出更大的混乱和动荡。

比如两人相处时，对方不断地侵犯自己的边界，为了维持彼此之间表面上的和谐，避免发生直接冲突，自己就先选择忍让，在对方不断地得寸进尺鲸吞蚕食下，终于有一天自己忍不了了，彻底爆发的结果就是两人彻底翻脸。

但如果对方刚开始侵犯自己边界的时候，自己就能以坚决的态度厘清彼此之间的边界，对方试探几次之后，发现自己的确非常坚决，也就死心了，之后就会基于双方边界建立一种和谐平衡的人际关系，双方的关系反而会是健康长久的。

# （十三）

## 【原文】

有子曰："信近于义，言可复也。恭近于礼，远耻辱也。因不失其亲，亦可宗也。"

## 【老刘说】

本章主要内容是说，在具体处世的人际交往中，基本原则是慎始，而后才可以善终。

"信近于义"的"信"指"约定、承诺"等。答应别人的事一定要做到。比如一诺千金的季布和《论语》中的子路。守信的人，不可讲空话，讲了的话都要"兑现"。所以一定不能轻易承诺，承诺的基本原则在一个"义"字。

《中庸》第二十章说"义者，宜也"，"义"在这里可以理解为合理且妥当，即在承诺别人之前，要先扪心自问，自己承诺的事情是否合理？按照承诺去做的具体行为是不是足够妥当？

"言可复也"的"复"字通"覆盖"的"覆"，在这里是"践言"的意思，即兑现所讲的话。"信近于义，言可复也"的意思是承诺别人事情前要慎重考虑，正确评估，确定要承诺事情的合理性和妥当性，在这个前提下，承诺就容易兑现，这就是我们常说的答应别人的事情要先做到心里有数。不能喝点小酒，就不知道自己是谁了，啥事都敢答应，最后啥也兑现不了，落个"言而无信"的评价。

"恭近于礼"的"恭"是"恭敬、尊敬"的意思，这里指把握尊敬人的尺度。"恭近于礼，远耻辱也"是说尊敬人这件事情，要与礼仪相合，否则容易自取其辱。能把对人恭敬的分寸拿捏到位，就会最大限度地避免遭受耻辱。

信与恭皆是美德，但在具体应用的时候，一定要以"近义近礼"为根本原则，否则会适得其反。这点在具体处世的人际交往中，一定要非常注意。

准备承诺别人事情之前，要先揣度一下这件事情是否合理妥当，如果的确合理妥当，就可以承诺，相反就不能轻易承诺。做人说话要算数，任何轻率的承诺都是不智的。如果承诺之前没有搞清楚这件事情是否合"义"，承诺之后发现这件事是不义的，就会让自己非常被动。不兑现承诺就是言而无信；兑现了承诺，又成了不义之人。无论什么结果，都会让自己陷入困境。

凡是人际关系中关于致敬的事情，都属于"恭"的范畴，但对不同的人，用的礼数是不一样的。恭敬的尺度必须符合礼数，否则很容易自取其辱。比如接待这件事情，不同级别的人接待的标准是不同的，接待超标就有谄媚的嫌疑；接待标准太低，又会被认为是不尊重人、不懂事。再比如，见到尊长应该主动行礼，别人都行礼，自己没行礼，被人责问显然是一件丢脸的事情；见到某人不应该行礼，别人都没行礼，只有自己行礼，就有献媚的嫌疑，别人会笑话自己像哈巴狗，也是自取其辱的事情。

这个地方要注意，"信"虽然和"义"很相近，但"信"不等于"义"。举个例子说明一下，尾生抱柱的故事："尾生与女子期于梁下，女子不来，水至不去，抱梁柱而死。"故事说有一位叫尾生的男子与女子约定在桥下相会，久候女子不到，桥下开始涨水，尾生为了信守诺言坚持不肯离去，最后竟然抱桥柱溺亡。尾生这么做的确是守"信"，但显然是不合"义"的。

"因不失其亲"的"因"是"结交，亲近"的意思；"亲"指"可亲的人"。"亦可宗也"的"宗"在这里是认可、以之为尊长的意思，与"宗旨"的"宗"是一个意思。

"因不失其亲，亦可宗也"，指与人结交是一件非常需要慎始的事情，在广泛结交朋友的时候，要有自己的原则和底线，坚持亲近可亲的人，在这个基础上选择可以信任倚靠的对象。这句话中的"因""亲""宗"三个字是有轻重深浅的，"因"字是泛泛来说的；"亲"字是在泛泛之交的基础上有选择地亲近特定对象；"宗"是在亲近的基础上进一步选择。

在实际用世中，"因"和"苟且"很容易产生关联。刚开始与人结交时，也许你不够谨慎，遇人不淑，你结交的这个人得志之后，四处说你当初来与他结交是为了沾光，交友这件事就成了"苟且"之事，这显然不是你想要的。

孔子在卫国时住在颜雠（chóu）由家，卫国有个宠臣弥子瑕深得卫灵公宠爱，得宠到什么程度呢？卫国的法律，私自驾国君车子的要罪以刖刑。有一次，弥子瑕母亲病了，有人乘空隙连夜去告诉弥子瑕，弥子瑕假传命令驾着国君的车子出去了。卫灵公听说了认为他做得很对，说："好孝顺呀！为了母亲，即便触犯刖罪也在所不惜。"又一次，弥子瑕同卫灵公一起在桃园游玩，他吃到一个很甜的桃子，便把这个啃了一口的桃子给了卫灵公。卫灵公说："这是多么爱我呀！能放下到口的美味，献给我吃。"（《韩非子·说难》：昔者弥子瑕有宠于卫君。卫国之法，窃驾君车者，罪刖。弥子瑕母病，人间往夜告弥子，弥子矫驾君车以出，君闻而贤之曰："孝哉！为母之故忘其刖罪。"异日，与君游于果园，食桃而甘，不尽，以其半啖君。君曰："爱我哉，忘其口味以啖寡人。"）

弥子瑕的妻子和子路的妻子是姐妹，弥子瑕告诉子路说："如果孔子住在我家，可以得到卫国的卿位。"子路将这话告诉孔子，孔子拒绝了。如果孔子当时去弥子瑕家里住，就算身居高位，别人也会认为孔子是沾别人的光，而不是靠自己的德行和能力。孔圣人况且如此谨慎，何况吾辈普通人呢？所以，君子与人结交要非常谨慎。

此一章说的都是慎始的意思，许诺于人要先看是否循理合义；恭敬有礼貌要先看是否合礼；与人结交要先看人怎么样。

# （十四）

## 【原文】

子曰："君子食无求饱，居无求安，敏于事而慎于言，就有道而正焉，可谓好学也已。"

## 【老刘说】

这一章是从后向前看的，即"好学"的定义是什么。"好学"的"好（hào）"是"喜好、喜爱"的意思。"好学"指"学为圣人"这件事，即效仿圣人追求人生终极意义的答案。

"食无求饱，居无求安"是说，学为圣人要先分清主次关系，立志为先，工作和生活只是人生的载体，不是人生本身。在艰难困苦中，对吃的和住的不要有过分的要求，要清楚物质世界是为精神世界服务的，不可本末倒置。能真正立志学为圣人，自然没有时间和精力去兼顾吃喝拉撒这些事情。颜回一箪食，一瓢饮，在陋巷，亦乐在其中，就是这种状态。如果一辈子只是在求安饱，这辈子也就这个样子了，还谈什么追求人生终极意义呢？

"敏于事"的"敏"是"迅捷、急速"的意思，"慎于言"的"慎"是"谨慎"的意思。"敏于事而慎于言"是说，空谈是很容易的事情，所以要少说；践行是不容易的事情，所以要有个"敏"字在前。践行的时候要经常担忧自己没有做到位，而说话的时候，要时刻管住嘴巴，切忌说太多。

"就有道而正焉"的"就"是靠近的意思；"有道"指能洞悉事物当然之理、合道循理而行的人。靠近有道之人，可以见贤思齐。学做圣人这件事情需要不断做功夫，而做功夫的根本是时刻存养，按照儒家心性实修次第一步步来。犹如登山，登山的过程中，即便有同伴和向导，他人也是无法代你而行的，顶多是为你指指方向、分享一下技巧等，路还是要靠自己一步步向前走，所以关键是自己要顶得住。

这几句之间是个递进的关系。如果只是能做到不求安饱，而做不到谨言敏行，是成不了什么事的。这是常识，一个人就算很有想法，但管不住自己的嘴，肚子里装不住任何东西，做事又和"迅捷、勤勉"完全不沾边，这种人连基本的为人处世都做不好，怎么可能成就事业呢？

仅能做到谨言敏行，不走正道也是没用的。比如杨朱、墨子的学问，已经偏离到无君无父的路上，怎么能成为为圣之学呢？

在自己不具备分辨能力的阶段，尽量靠近知道正道能循理而行的人，这样自己学为圣人的方向就不会有偏颇；具备分辨能力之后，与同道互相印证修为，学习效果也会是事半功倍的。

为学是需要实际做功夫的，只知道正道而不做践行的功夫，最后只是纸上谈兵，遇事难免倾覆，中看不中用；只低头赶路不辨方向，难免失之毫厘谬以千里，想修成正果也只是痴人说梦。

所以，就为学来说，圣人说的这五件事缺一不可。

# （十五）

## 【原文】

子贡曰："贫而无谄，富而无骄，何如？"子曰："可也；未若贫而乐，富而好礼者也。"

子贡曰："《诗》云'如切如磋，如琢如磨'，其斯之谓与？"子曰："赐也，始可与言《诗》已矣，告诸往而知来者。"

## 【老刘说】

"贫而无谄"的"谄"指"奉承，巴结"，所谓人穷志短，马瘦毛长，贫的时候什么都短缺，太想改变自己的境遇，坚守住操守的难度很大，很容易陷入谄媚而不自知。

"富而无骄"的"骄"指"得意忘形，傲慢自大"，通俗地说，就是有俩糟钱就不知道自己姓啥了。因为依仗钱，很容易被财富侵蚀心智，最后无所顾忌。

普通人处于"人道求有"的阶段，难免溺于贫富之中而不能回归根本。"得意忘形"容易理解，它的另一面是"失意忘形"。人生得志的时候彬彬有礼，言行得当，一旦落魄就表现出一副讨人厌的面相。孟子说："富贵不能淫，贫贱不能移，威武不能屈。"一个人能做到心不被外物所扰，能够受得了寂寞，受得了平淡，无论得意失意都是一个样子，这实在是很难的事情。心性之学要向内求，人要时时在自身上省察，如果有谄与骄之病，必须克治。所以子贡讲"贫而无谄，富而无骄"。

子贡句尾说"何如"，是有自我肯定的意思。子贡觉得能达到"贫而无谄，富而无骄"的境界已经很高了，说"何如"是希望老师给予肯定和赞同。

孔子回答中的"可也"两个字，相当于"差不多，算及格吧"，"贫而无谄，富而无骄"的水平只能算是及格而已，能做到"贫而乐，富而好礼"才算境界足够高。

"富而好礼"中的"好"有发自内心自然而行的意思，"富而无骄"则有勉强的意思在里面，前者是内求于心，后者是外求于物。"贫而乐"和"贫而无谄"也是同样的道理，前者是素位而行的安贫乐道，显然是内求，后者是困于贫寒的心有坚守，有勉强的意思在其中，显然是外求。内求和外求最明显的不同就是内求的评价中心是在自己的内心中，而非在内心之外。

如果觉得自己有钱有地位，非得以这种认知待人不可，这也不对，心存优越感就是有外求比较之心。只有真正做到乐道循理才能谈到安贫乐道、富而好礼。

"贫而无谄，富而无骄"还是处于"人道求有"的外求境界，即心中还有与别人比较的心在，心难免会被外物所扰，还没达到真正内求的境界。"贫而乐，富而好礼"是达到"天道求无"的内求境界，不以物喜不以己悲，心不会被外物扰动。

这里注意，儒家说不被外物扰动，不是说无论外物如何变化都能做到七情不生，而是说无论外物如何扰动，都能毁不灭性，不会心智离线。《论语·先进》中说"颜回死，子哭之恸"，"恸"是极其悲痛地号啕大哭，可见圣人一样是有喜怒哀乐的，只是不会因为七情发动而心智离线。

有些人一听说修心性，就想当然地觉得能修到七情不起就算是圆满了，这显然是不对的，如果七情不起就算是得道，植物人早就得道了，石头砖瓦早就是圣人了，岂不荒谬？

"贫而乐，富而好礼"也是分水平层次的，层次与层次之间也是不一样的，人可以清高，但不可以苟求清高。为了清高而清高，就是假清高了。

子贡接着《诗经·卫风·淇奥》篇的"如切如磋，如琢如磨"又开始说。

"切磋琢磨"这四个字是描述玉器加工的程序。"切"即切割，指挑选原料，用锯子把原石切开，也就是初步剖开；"磋"就是去皮，指把包在玉石外面的杂质等用锉刀等工具去掉，慢慢地把玉抠出来。没有选料、切料，"磋"这道工序就无从谈起。"琢"指把玉磋出来了以后，根据玉料的具体情况，进一步加工成各种形状款式，比如手镯、玉佩等；"磨"即打磨，相当于抛光工序，雕琢出来的玉器，还需要进一步加工，才能使玉光滑明亮，美感完全出来。不先把器物形状雕琢出来，打磨的工艺就没有工作对象了。

子贡引用《诗经》中这句话，表示自己对为学这件事情的理解，为学功夫和玉器加工是一样的道理，也是要精益求精的。

"其斯之谓与"这句反问句进一步总结引用《诗经》"如切如磋，如琢如磨"的含义，子贡听了孔圣人说的话，知道无谄无骄不如乐道好礼，圣学功夫缜密，越向上越精微，不可故步自封。

子贡复姓端木，名赐，所以孔子称呼子贡为"赐也"。孔子说："赐呀，以你现在的水平，可以和你谈《诗经》了。"

"告诸往而知来者"的"往"指已经说过的，"来"指还没说的。子贡能从孔圣人说的"无谄无骄不如乐道好礼"，得出"如切如磋，如琢如磨"的学问之功，这是孔子没说，子贡举一反三自悟的结果，子贡由此推知一切事皆如此，不可安于小成，而须自勉于益求精进。

读《诗经》不是要读成一个书呆子，而是要"告诸往而知来者"。读历史也是同样的道理。中国人读历史，主张以史为鉴学以致用，它的精神就是"告诸往而知来者"，懂了过去也就知道未来，这也是《诗经》的精神。

本章中，孔子对子贡非常肯定和嘉许，子贡能做到触类旁通、举一反三，说明这个人天分很高。为学者不可以安于小成，而不追求道的极致；亦不可好高骛远，不踏实用功。

# （十六）

## 【原文】

子曰："不患人之不己知，患不知人也。"

## 【老刘说】

"不患人之不己知，患不知人也。"直译就是："不怕别人不知道自己，怕的是自己不能知人识人。"

君子修身是件内求的事情，省察克治的功夫重点在"人不知己独知"，君子用世体现在"修齐治平"四个字，别人不知道不理解自己没什么关系，如果自己不能知人，难免是非正邪不分，又如何修身、齐家、治国、平天下呢？比如做大事需要用人的时候，不知人识人，如何取舍选择呢？日常择友不分好坏，难免被损友所坑。

这一章是《学而篇》的收尾，人看世界都是以自我为中心的，普通人洞悉"心即理"之前，总怪别人不了解自己，而对于自己是不是了解别人这个问题，往往是含含糊糊的。所以《学而篇》最后一章的宗旨，是针对第一章"人不知，而不愠，不亦君子乎"的，即不要心有怨恨，不要怕人家不了解你，最重要的是你是否了解别人。

儒家修身功夫，很多人是做反了的。总是怕别人不知道自己，这就堕入了外求的偏颇，要反求诸己回归内求本心才是正道。

人类因为有社会结构，才能相生相养相安，孔门之学法天则地，是按照天理流行延展开来的，《论语》篇章也是从这个角度排序的，所以将《学而篇》放在第一篇，《为政篇》放在第二篇。

# 【为政第二】

《为政篇》主要讲的是为政这件事情的要点。

# （一）

**【原文】**

子曰："为政以德，譬如北辰居其所而众星共之。"

**【老刘说】**

"为政以德"的"政"是"正"的意思，治世就是正人之不正，让社会走在正道上；"德"者，得也，即得于心而不失也，就是让"走正道"始终指向内心，"以德"就是以一颗走正道的心时时刻刻主宰身体。从为君王治天下的角度来说，执政人的德行会通过他实施的政策彰显出来。也就是说，执政人的三观会影响他的判断和决策，进而左右政令和具体执行尺度等。就像水是湿的火是热的一样，有什么德就有什么政。

德与政是一回事，能以德为本就是合道循理，就是"与愚夫、愚妇同"，人民自然能够遵守政令。如果偏离天理，也就是俗话说的"不合理、没天理"，人民自然会反对，政令也就没有办法贯彻畅通了。

"为政以德"是德能配位，是先有德后有政，不是先有政后有德，顺序不能搞反了。教化天下的关键在于身教胜于言传，自己德行足够才能感化别人，自己的德行不足以做表率，就会上梁不正下梁歪。"为政以德"不要片面地理解成治世只需要道德教化就可以，刑罚号令等也必须要用，《周易·易经上·噬嗑》是专题讲司法的，所谓"一阴一阳之谓道"，在治世实践中，德行和刑法都是要有的，它们之间只是主次顺序关系而已。

"北辰"在这里指天象中不动的基准，众星四面围绕以其为中心。有些书上说北辰是北极星，这其实是不准确的。"辰"指分界点，也就是可以参照的、不变的基准点。比如我们说"十二时辰"就是明确时辰与时辰之间的分界点。"北极星"不是恒定不变的，也是动的，只是动的幅度很小而已。

打个比方，有一张桌面能旋转的圆桌，北辰是中心不动的那个点，也就是桌面旋转围绕的中心点；而北极相当于非常靠近这个中心点的一个点，虽然桌面转的时候，它转得很不明显，但还是会动的。

所以这个地方说"北辰"不说"北极"，是因为用"极"字不能准确表达出圣人的意思。

孔门论政主张德化，因为治世这件事情说到底是导正人心的事情，政治亦人事，人事包括人和事两方面，人是个体，人和人之间发生作用就是事。德作用于心，实为一切人事之枢机（"枢机"是射箭时的关键机件，延伸意思是关键所在）。治世要从"德"字入手导正人心，才能达到治世的目的。一辆车靠人去推，是走不了多远的，只有车子的发动机发动起来，才能千里万里地往前走。用德化的手段教化民众，就相当于把每台车的发动机发动起来，只要告诉驾驶员前行方向就可以了，车自然就往前走了。只有这样做才能达到治世的目的。

孔圣人说："为政以自己的德为主，德能配位是为政的根本，譬如天上的北辰，安居其所，众星围绕着它而旋转。"

这一章，很多书将其解释成"无为而治"或者"无为而成"，从治世的角度来说，真正的"无为"不是啥也不干，而是自己德能配位，用人能慧眼识人，且人尽其才。为君王做到"群龙无首，吉"，同时礼乐刑政秩序井然，不生事扰民，君王自己依德行本分而行，不是用智术笼络天下。社会评价标准是"德为先"不是"利为先"。比如尧、舜、禹在位的时候，也是要做很多具体事情的，怎么可能啥也不干呢？只是君王自己德能配位，民心归向。治政的重心在德上，不在具体事上。如果君王自己无德，只是耍手段，为政就会很累，最后身心俱疲，效果也会很差。这就像古代用的油灯，油多灯自然就会明亮。

# （二）

**【原文】**

子曰："《诗》三百，一言以蔽之，曰'思无邪'。"

**【老刘说】**

《诗经》原来是311篇，现存只有305篇，《诗》三百是大概的说法。《诗经》根据乐调的不同分为《风》《雅》《颂》三类。

《风》是不同地区的地方音乐。《风》诗是从周南、召南、邶、鄘、卫、王、郑、齐、魏、唐、秦、陈、桧、曹、豳15个地区采集上来的土风歌谣。共160篇。大部分是民歌。

《雅》是周王朝国都附近的音乐，即所谓的正声雅乐。《雅》诗是宫廷宴享或朝会时的乐歌，分为《大雅》31篇、《小雅》74篇，共105篇。

《颂》用于宗庙祭祀，内容多是歌颂功业。《颂》诗又分为《周颂》31篇、《鲁颂》4篇、《商颂》5篇，共40篇。

"一言以蔽之"的"蔽"是"概括"的意思，相当于"一句话概括"。"思无邪"说到底还是个"诚"字，是非判断都是出于法天则地循理而行，自然就会"思无邪"。如果不能做到这个"诚"字，就是"思有邪"了。

"诚"是合内外之道，表里如一。仅仅"行无邪"是不够的，一定要思无邪。只有心念发动处的"思"是正的，内外才会一体，不会出现表里不一的情况。

三百篇之作者，无论是孝子忠臣，还是怨男愁女，表现在《诗经》的具体章节上，都是至情流溢，直写衷曲，毫无伪托虚假，这就是所谓的"诗言志"。诗人作诗都是发自情性的，情性是从"正"发出来的。"思"就是情性；"无邪"就是正。从这个角度来说，诗三百篇都是出自情性之正，这是三百篇诗歌的共同点。

好的诗歌在吟诵歌唱的时候，能陶冶情操，引出人心中光明的一面；不好的诗歌作用刚好相反，会引出人性中丑恶的一面。

"思无邪"是《诗经》立教的根本所在，三百多篇诗歌中歌颂的美好都可以效仿，这些诗歌中抨击的丑恶都是可以引以为戒的。读的人能"思无邪"才是《诗经》的意义所在。

《礼记·礼运》说："饮食男女，人之大欲存焉。"饮食男女是人类社会必然存在的，但男女之爱不能乱来，不能妨害风化，要有限度，有秩序，只有如此才能保证社会健康运行的秩序。

圣人删述六经的标准是天理，对《诗经》的删改整理等也是同样的标准，六经中其他的经不必特意强调"思无邪"，但《诗经》由于体裁的特点需要特意点出这三个字。

为什么把讲《诗经》的部分放在《为政篇》呢?

第一，一切为政的问题、社会的问题都是思想问题，只要思想正了，问题就迎刃而解了。

第二，我们的文化是从整个系统出发的，所以文史哲政是不分家的，儒家讲内圣外王，是为了学以致用;西方学问是分门别类的，越分越细，最后难免会失去整个系统。

# （三）

**【原文】**

子曰："道之以政，齐之以刑，民免而无耻;道之以德，齐之以礼，有耻且格。"

**【老刘说】**

"道之以政"的"道"在这里是"引导、领导"的意思;"之"指庶民，也就是普通老百姓;"政"在这里指用政令制度等教化社会大众。但用政令制度等治理国家，是居上临下用外力导正大众的行为，效果是不能深入人心的。

"齐之以刑"的"齐"是"使……秩序井然"的意思；"刑"指刑罚。对于不遵守法规制度的老百姓，就用刑罚的方式强迫他们守规矩，普通老百姓因为害怕被伤害，就不得不遵纪守法。遵纪守法的行为不是发自内心的，而是害怕被伤害。

"民免而无耻"可以写成"民为免而无所耻"，即老百姓为了自己不受刑罚伤害而苟且偷安，根本不在乎自己的所作所为是否有廉耻。为了逃避惩罚不择手段，这种行为显然是出于趋利避害的考虑，是"利为先"的产物，并不是"德为先"的产物。

"道之以德"是让被教化者知道自己见贤思齐的"贤"是谁，向谁学习，向谁看齐。居上位者德能配位，通过自己的威信和人格魅力引导天下百姓，上下相感相通，百姓很容易见贤思齐，发自内心地遵纪守法。

"道之以德"不是空着说的，而是要具体躬行，要务实践行的。比如齐家中，当爹要有个当爹的样子；治国中，当君王要有个当君王的样子。上梁不正下梁歪，上梁正了下梁才能不歪。

"道之以德"是激发人的向善之心，让人把自己的行为标准从"利为先"调整为"德为先"，行止语默都以"德"的标准为标准，而不是以具体利益为行为标准。因为"德"是没有具体操作性的，所以需要通过礼节礼仪把"德"具体落实到行为上。

人的特质和天资禀赋参差不齐，而礼节礼仪是看得见、有具体操作性的，无论资质高低都可以掌握。贤德的人对"礼"知其然，也知其所以然，可以俯而就之；水平不高的人无法理解"礼"后面的所以然，但可以效仿具体行为，达到知其然，即可企而及之。

对于讲不通道理，自己不学好，不想走正道，蹬鼻子上脸的无礼之人，则需要用刑罚来强迫他守规矩不扰乱整体秩序。

"齐之以礼"的"礼"即天理在人类社会行为中的具体彰显，"齐之以礼"指用礼节礼仪使秩序井然。在具体落实中，就是冠、婚、丧、祭等的礼仪中，每个人根据自己的实际情况和所处时位摆正自己的位置，分清所处的是什么场合，自己是什么身份，该干什么，等等。比如婚礼中，新郎、新娘、司仪、主婚人、证婚人、伴郎、伴娘、双方父母、双方的亲戚朋友、街坊邻居，等等，每个人酒席上的位置是不同的，做什么说什么自然也是不同的，每个参加婚礼的人也会根据自己在这个仪式中的大概位置排序来随喜钱，如果不懂这些规则，做出和自己身份不符合的事情，会很丢脸的。

人和人的悟性是不同的，对于天理每个人的领悟程度不一样，所以需要有完善的礼节礼仪来引导教化万民，这样社会才能秩序井然。

想让一个社会秩序良好，根本在于民众的自发自觉，不是靠逼迫。礼之本在于彼此的情意相通，靠的是敬畏之心，不是畏惧之心。

"有耻且格"的"格"是"正其不正以归于正"的意思。因为遵纪守法彬彬有礼活得体面，是民众自发自觉的追求，失礼是一件很耻辱的事情，普通民众自然会因为廉耻的压力而归正自己的行为，这种改正是基于自己的内心，而不是迫于外部的压力。

圣人治世，是把德和礼放在前面，政令和刑罚只能让老百姓因为畏惧不犯罪而已，并不能从根本上解决问题。如果把法制禁令放在前面，上位者和下位者很容易变成猜疑对立的关系，老百姓就算因为害怕被刑罚而遵纪守法，却不见得没有干坏事的心，只要有干坏事而不被惩罚的机会，难免会作恶。

首先要教化天下大众明德，凡是心有良知的人都会被感化向善；然后对不同资质的人"齐之以礼"，使所有人言行举止都有规矩准绳可以遵守。人有廉耻之心，自然就会遵纪守法，社会也会和谐稳定。

这个地方要注意，"道之以政，齐之以刑，民免而无耻；道之以德，齐之以礼，有耻且格"是对庶民说的，如果仅仅是说给儒者听，只需要讲"有耻则格"四个字就行了，不必讲前面那么多内容。

# （四）

【原文】

子曰："吾十有五而志于学，三十而立，四十而不惑，五十而知天命，六十而耳顺，七十而从心所欲，不逾矩。"

【老刘说】

按照周礼，古人十五岁以前主要学习小学的内容，也就是六艺。这里说的"小学"是相对"大学"而言，不是现在意义上说的小学，大学是讲"道"层面的事情，小学是讲"术、器"层面的事情。

六艺包括：礼、乐、射、御、书、数。

礼：各种礼仪礼节等。五礼包括吉礼、凶礼、宾礼、军礼、嘉礼。

乐：音乐。六乐包括《云门大卷》《大咸》《大韶》《大夏》《大濩（hù）》《大武》六套古乐。

射：射箭技术。包括白矢、参（cān）连、剡（yǎn）注、襄尺、井仪等。

御：驾驶马车的技术。包括鸣和鸾（行车时和鸾之声相应）、逐水车（随曲岸疾驰而不坠水）、过君表（经过天子的表位有礼仪）、舞交衢（过通道而驱驰自如）、逐禽左（行猎时追逐禽兽从左面射获）。

书：指书法（书写、识字、作文）和六书（象形、指事、会意、形声、转注、假借）。

数：指九数，也就是"数"学这门功课的九个细目。包括方田、粟米、差分、少广、商功、均输、方程、赢不足、旁要。

学习六艺的同时，孩子随着认知和心智的同步成长，就会自发自觉地去追求其中的道理，也就是现在说的三观形成的过程。发自内心地追求，是不会疲惫和厌倦的。

"志于学"的"志"是指心所追求的方向和目标；"学"指大学之道。"十有五而志于学"即十五岁的时候确定了自己心所追求的目标和方向就是大学之道。

因为大学之道是符合天理的，纵然世间歧路万千，只有这一条路是儒家正道，就像冬天天冷要靠近火炉取暖，夏天天热要找个树荫避暑一样，是件自然而然的事情。这个志有了，就像孤舟在大海上有了方向和目标，自然就有了前行的动力，生命的生发之气也就被激发出来了。

十五岁束发之后开始学习"五经"，三年通一经，十五年学完"五经"，所以说"三十而立"。"三十而立"的"立"是"成立、立起来"的意思，对于人生来说，三十而立代表脚踩到实地上，准备出发了。"志于学"的"志"侧重指趋向，"立"侧重指心有定守，不会被外物左右，也就是现在说的三观稳定了，完全清楚自己人生的意义是什么。这个阶段对应的是"富贵不能淫，贫贱不能移，威武不能屈"。无论外物如何变化，自己的心不为他物所役，能坚守志向所在。

三十岁确立自己的志向，但在真正入世治世的践行中，面对实践的检验和印证，一些以前认为对的东西，难免会和事实相异相逆，心中难免会有所疑惑，这个时候可能会反问自己：自己所坚持的志向是否正确？经过十年时间的实践检验，四十岁的时候对外界一切言论事变，明到深处，明到究竟处，对圣学再无疑问。这个阶段不仅有立有守，还能看清楚，并且心安于此。这就是"四十而不惑"。

天命是上天赋予的，四十岁之后继续十年的时间，就能看清楚天命的始终，真正理解"天命之谓性"的"性"究竟是什么。所以知天命是在"不惑"的基础上更进一步，更高一境。

"四十而不惑"侧重点是在具体事情上，应对人情事变无所疑惑，处理事情能势如破竹，迎刃而解，不会犹疑不决；"五十而知天命"侧重点是在天理上，是穷理尽性，知晓天理究竟是什么样子，是天道流行，赋予万物，之于人则所受之性，所谓仁、义、礼、智、信，只是人本来如此之天性的自然彰显。"四十而不惑"是知其然，"五十而知天命"是知其所以然。

十五志于学，三十守得定，四十见得精详无疑，五十知天命。"知天命"

即洞悉"性、命"的源头来处。

"六十而耳顺"的"顺"是"不逆"的意思。这个阶段，对天理既知其然，也知其所以然，则凡耳闻的东西，便皆是道理。听到没道理的话，也能从相反的角度去印证。能明得一切所以然，则不仅明于己，亦复明于人。不仅明其何以而为是，亦复明其何由而为非。自然也谈不上有溢出的情绪，完全能做到心不为外物所扰动。注意，这个地方说的不被扰动，不是死气沉沉的麻木，而是心活泼泼地，有能明确是非善恶的判断。

知天命的阶段是思而得，耳顺的阶段是不思而得。事物进入心中，主要是听和看，特意说耳顺，是因为眼睛偏重于有形之物，耳朵偏重于深入心意。眼睛看到的近，耳朵听到的远，前言往行都是归入耳闻一类。

达到知天命的水平，无论远近、正反、古今、顺逆，都能看见其中天理所在，即皆在天命中。从自己的角度来说，是达到知己所当然的程度；对外人外物来说，是明白其所以然的程度。明其所以然就是耳顺，可以立己而立人，达己而达人。天命之终极只是个大道之行，人道的一端无非是个反求诸己。

"从心所欲"的"从"是"跟随"的意思。心所欲和身所欲是有区别的，心所欲多是天理良知一面，身所欲多是私欲一面。好名、好色、好利都是源于身所欲，而非心所欲。《大学》说"所谓修身在正其心者，身有所忿懥（zhì），则不得其正；有所恐惧，则不得其正"，身有这些问题，心就会偏离本位。

"不逾矩"的"矩"字，本义是木匠用的曲尺，规矩方圆，指一切言行法度的准则。圆规是用来画圆的，曲尺是用来定方正的，所以这个地方说"矩"不说"规"，如此更严谨。

规矩的制定是为了秩序，圣人到这个境界，已经完全天人合一，所思所想所作所为无一不合乎天理，只需要跟随心所欲，不需要刻意检点管束，就没有什么不合于规矩法度的。圣人的内心是真正的自由极致，与外界理所当然的一切法度规矩自然相洽。这个境界就是真正的内外合一。这就是"七十而从心所欲，不逾矩"的意思。

此一章，是圣人自述其一生功夫效验次第如此。立志学圣学的人，只要按照这个次第努力，日积月累，自然就会有进境。所谓"千里之行始于足下"，为学者只要肯笃实前行，就不必害怕圣学不容易学明白了。

但是，知天命是一个分界线，在这个分界线之前，只要笃实努力就可以达到；在这个分界线之后，就不是仅仅靠努力所能达到的。心性功夫不是去健身房练肌肉，只要肯努力花时间就一定会有效果，还需要有悟性和机缘的因素。

> 《论语》所说的，侧重进学之次第；《大学》所说的，乃论学之方向和范围等。

中华文化是法天则地的，大同世界是我们的理想社会形态。视天下为一家，"孝"字的放大彰显就是"忠"，所以古代讲"以孝治天下"。由各人的孝父母，扩而充之爱天下人，就是孝的精神。"求忠臣，必于孝子之门"，一个人真能爱父母、爱家庭、爱社会，也一定是忠臣。如果没有基本的爱心，又谈何为国家为民族尽忠呢？有真感情真认识的人，才能做到尽忠。

这是我们文化和西方文化非常不同的一个地方，西方文化是从希腊开始的，但是由于欧洲的地理环境影响，他们要生存就必须发展商业，而我们幅员辽阔，主要是发展农业。欧洲的历史上，所谓海上商业，人们在看得见的地方就做生意，看不见的地方就做海盗。16世纪大航海时代之前，西方是缺乏财富的，穷得一塌糊涂。16世纪以后西方人各种不择手段，黄金才流到了西方去，才有了后面所谓的富足。

# （五）

【原文】

孟懿子问孝。子曰："无违。"

樊迟御，子告之曰："孟孙问孝于我，我对曰，无违。"樊迟曰："何谓也？"子曰："生，事之以礼；死，葬之以礼，祭之以礼。"

## 【老刘说】

先介绍一下孟懿子这个人。孟懿子是鲁国大夫，本姓仲孙，也称孟孙，名何忌，世称仲孙何忌，谥号懿，是孟僖子的儿子，南宫敬叔的哥哥，孟子的六世祖。

他的父亲孟僖子临终前命他学礼于孔子，孟懿子算是孔子早期的学生。后来孔子为鲁司寇的时候，主堕三家之都，孟懿子第一个跳出来反对，和老师的正义之举对着干，等于叛出师门了，所以后人不把孟懿子列入孔门弟子。

孟懿子的父亲僖子贤而好礼，是非常有德的一个人，孟懿子请教孔子什么是孝道，孔子说"无违"是有所指的，即当儿子的应该继承父亲遗志，把父亲好的一面继承下来，发扬光大。"无违"即"谨守其父之教，无所违背"。

"无违"从广义上理解，是指不可违礼，即守住自己本分不可僭越的意思。在具体操作层面来说，以苟且事亲是违礼，僭越事亲也是违礼。但事亲尽孝这种事情，也不能过分教条，不当为而为之是不孝，若当为而不为也是不孝。

比如舜不告而娶的典故，尧帝打算把女儿嫁给舜，如果让舜他爹知道了这件事，这婚绝对结不成，只会导致"废人之大伦"。所以以孝闻名的舜选择不告诉父母，他的老丈人尧也理解这一点，也没告诉舜的父母。孟子对此的解释是，"告"是行不通的，"不告"才是对的，"君子"支持的一定是"不告"。娶妻要告诉父母这是一般的原则，但这个一般原则在舜他们家行不通，所以这时只好行"权"。再比如周武王父死不葬而兴师伐纣，从常理来说是不孝，但从当时具体情况来说，这是大孝的事情，不能说是不孝。

"樊迟"是人名，"御"指六艺（礼、乐、射、御、书、数）中的"御"，樊迟为孔圣人驾车，相当于孔子的私人司机。

樊迟，即樊须，字子迟。小孔圣人三十六岁，是孔子七十二贤弟子中的重要人物，从小贫穷，读书刻苦，懂农业，未拜孔子为师之前，他已经在季氏宰冉求（子有）手下任职。孔子周游列国回鲁之后，他拜孔子为师。圣人去世后，樊迟继承和推广孔圣人之学，唐赠其称号"樊伯"，宋封"益都侯"，明称"先贤樊子"。

因为樊迟和孟懿子私交比较好，孔子担心孟懿子不一定能完全理解自己的意思，会私下里再问樊迟，所以进一步对樊迟解释"无违"二字的意思。

无违父命为孝，这只是针对孟懿子说的，因为孟懿子的父亲是足够贤德的，但对其他人来说并不完全是这样子。父亲贤德，从父当然是孝；如果父亲不贤德，从父反而是不孝。所以这里说的"无违"不能简单地理解成"无违父命"，而应该理解成无违天理，即持经达变中无违于经。

"何谓也"即"究竟该怎么理解呢"，樊迟显然没有完全理解"无违"二字的意思，所以问这一句。孔子说"无违"是指无违于礼，能以礼事亲为孝。父母有不合礼的地方，子女不应该盲从，应该用合礼的方式事亲。如果父母不合礼也盲从，就会让父母和自己都陷入非礼，这显然是违背孝道根本的。孔子两次所说的"无违"，根本意思是一致的。

孔子怕樊迟不能真正理解，进一步说："生，事之以礼；死，葬之以礼，祭之以礼。""事"字是古人站在下位者角度对上位者而言的，说事君事父，都有下对上的意思在其中。

孔子说："父母活着的时候，应当以礼奉事，在古代就是温清定省这些事情，心要到，事也要到；去世的葬礼要符合礼法，墓地的选择要尽心，葬礼必须尽心尽力丝毫马虎不得，做到心里无愧，才能算是孝；葬礼完了不是就没事了，年节的祭祀要心有敬畏，同样要符合礼法。"

"礼"即天理在五伦关系中的彰显，核心在一个"诚"字。祭祀是对亲人感情得以体现的具体载体，寄托着生者的哀思，因为去世的人是不可能给予生者任何回报的，这种哀思的寄托只是情感的自然彰显，本质上是对自己内心的一个交代。

"孝道以礼"是一件合道循理的事情，所处时位不同有不同的做法，诸侯以诸侯之礼事其亲，大夫以大夫之礼事其亲，没必要盲目攀比，能尽自己的心就好。"孝道以礼"是件与时俱进的事情，不可刻舟求剑，食古不化。

现在的人不能以礼事亲，根本原因是"诚"意不够，多是私欲攀附心体，遮蔽良知，所行难免会因陋就简，不合于礼，本质上还是自欺的成分太多，不能回归自己的真情实感。

> 圣人说的话，是所有人都能践行的，如果理解成只有某个人能践行，其他人践行不了，一定是自己理解有偏颇了，这点要非常注意。

# （六）

## 【原文】

孟武伯问孝。子曰："父母唯其疾之忧。"

## 【老刘说】

孟武伯是孟懿子的儿子，名彘，武是他的谥号。

"唯其疾之忧"这句有两种解释。

第一，父母爱自己的儿女是无所不至的，因此经常会担忧自己孩子的身体状况，做儿女的能将心比心，体会父母的这种心意，在日常生活多加谨慎，不要让父母放心不下，就是孝的体现。

第二，做儿女的应该时刻保持谨慎持身，除疾病外，不让父母为自己担心。疾病这类事情不是自己能做得了主的，谁都不想生病，但是摊上了也没办法，生病是人力不可及的范畴。其他凡是人力可及的范畴，都让父母安心放心，这就是孝道的体现。

个人认为第二种解释比较符合圣人原意。

# （七）

【原文】

子游问孝。子曰："今之孝者，是谓能养。至于犬马，皆能有养；不敬，何以别乎？"

【老刘说】

言偃（公元前506年—公元前443年），字子游，孔子晚年弟子，"孔门十哲"之一，吴郡常熟（今江苏省常熟市）人，"孔门七十二贤"中唯一的南方弟子，曾任鲁国武城宰。去世后葬于虞山东麓，唐开元二十七年（739年），被封为吴侯；北宋大中祥符二年（1009年），又被封为丹阳公；南宋咸淳二年（1266年）被封为吴公。

子游问老师怎样算孝，孔子回答说：现在的人把满足饮食供养，保障父母生存的物质需要算作孝，这其实是不对的。犬马一样有人养着，如果对父母没有尊敬之心，和饲养犬马又有什么分别呢？

"能养"的"养"指温饱保障，很多人认为孝的标准就是满足父母生存的物质需求。如果是这样，那么饲养犬马也是满足犬马生存的畜养需求，难道用养狗养马的标准对待父母就可以算是尽孝道吗？这显然是非常荒谬的。

光是养而没有爱的心，就不是真孝。孝不是形式，而是一颗赤诚之心的所在。孟子曰"食而弗爱，豕交之也；爱而不敬，兽畜之也"，说的正是这个意思。

读《论语》的时候可以参考《孟子》互相对照着读，理解起来会更容易。

# （八）

**【原文】**

　　子夏问孝。子曰："色难。有事，弟子服其劳；有酒食，先生馔，曾是以为孝乎？"

**【老刘说】**

　　这一章的难点在"色难"两字，"色难"指侍奉父母，难在始终做到和颜悦色。《礼记·祭义》中曰："孝子之有深爱者必有和气，有和气者必有愉色，有愉色者必有婉容。"人的态度是内心的真情流露，心是身的主宰，不能做到和颜悦色，根源是心上做不到。作为一个孝子能做到和颜悦色，是因为心里深爱，深爱自然就有和气，有了和气之后自然就能做到和颜悦色。如果做这件事情只是为了给别人看，心里面实际上很厌烦，又怎么可能真正做到和颜悦色呢？

　　"弟子服其劳"的"服"字是"担任（职务）、代替"的意思。比如做儿女的，看见父母扫地，就代替父母劳动，接过扫把自己扫。结合上下文，这里说的"弟子"不仅仅是对父母，对其他长辈也是一样的。

　　"有酒食，先生馔（zhuàn）"，对应上文的"弟子"，这里"先生"应该指长者。"馔"指饮食，延伸意思指好吃的、好喝的、好玩的，这些自己不要先占着，要先拿给长辈享用。

　　"曾是以为孝乎"的"曾"字此处读"zēng"，作副词，表示"岂、难道"的意思。"曾是以为孝乎"即替长辈做事，让长辈先享受，难道就是孝吗？这样理解显然是过于肤浅了，行为无可挑剔不见得就是孝，同样的行为表现背后的动机可能有很多种，从行为是不能反推动机的，这是基本常识。态度放在行为前面，心放在首要位置，发自内心敬爱父母，做到表里如一，才算是真正的孝。

　　第五章至第八章都是讲问孝的事情，孔子的回答是不一样的，孔子注重因材施教，如同中医看病，根据患者的具体特质开出对应的方子，一个方子能治所有的病显然是不现实的。

就尽孝这件事情来说，推测子游能养而稍失于敬，子夏这个人脾气有点大，对父母少温润之色，所以圣人根据每个人的特质对症下药。

# （九）

## 【原文】

子曰："吾与回言终日，不违，如愚。退而省其私，亦足以发，回也不愚。"

## 【老刘说】

颜回（公元前521—公元前481年），亦称颜渊，字子渊。春秋末期鲁国人，十三岁拜孔子为师，颜回是孔子最得意的弟子，孔门七十二贤之首，被尊为儒家的"复圣"。《论语·雍也》说他"一箪食，一瓢饮，在陋巷，人不堪其忧，回也不改其乐"。为人谦逊好学，"不迁怒，不贰过"。孔子称赞他"贤哉，回也"，"回也，其心三月不违仁"。但不幸很早就去世了。

自汉代起，历代君王为颜回追加谥号：唐太宗尊之为"先师"，唐玄宗尊之为"兖公"，宋真宗加封其为"兖国公"，明嘉靖九年（1530年）改称"复圣"。山东曲阜还有"复圣庙"。

"吾与回言终日，不违，如愚"的"回"指的是颜回；"不违"指孔子说话，颜回都是顺着应答，不会提什么疑问，也不会对某个问题表现出自己不一样的看法，颜回听孔子讲话的时候，表现出来的样子就像一个完全听不懂话的愚人一样。

这个地方注意，说颜回的"不违"和前文孔子说的"六十而耳顺"不是一回事，"不违"是指颜回一点即通，二人彼此懂得，这是个点对点的关系；"耳顺"说的是心性水平达到无所不通的境界，是点对面的关系。

"退而省其私"指颜回从圣人身边离开之后，省察自己的言行。这里的"省其私"指的是"慎独"的"独"，不单指独处时，也包括有其他人在的时候，能察心之所安处，这个"安"处也正是"私"会出现之处。

颜回对圣人讲的道理能做到举一反三，不但能说得清楚明白，也能落实到具体践行上。比如，圣人对颜回说："非礼勿视，非礼勿听，非礼勿言，非礼勿动"，颜回听了之后，不会追问礼与非礼如何分辨，该怎么具体践行，等等，而是一听就明白，并且能举一反三，非常清楚圣人讲的究竟是什么意思。圣人私下里观察颜回的所作所为时，发现颜回能完全领会圣人本意，能真正做到"非礼勿视，非礼勿听，非礼勿言，非礼勿动"。这就是"亦足以发"的意思。

"四书"中用到"发"字比较多，这里简单说一下，"亦足以发"指圣人说的话能真正领会并且践行出来；"不悱不发"是指以此而发彼，有个前后顺序关系在；"引而不发"指的是把弓完全拉开，准备射箭。同样用"发"字，意思是不同的。在学习的时候要注意其中的区别。

"回也不愚"指孔子对颜回的评价很高，颜回这个人看起来像听不懂一样，实际上，他已经完全领悟了。颜回的天资非常高，属于生知安行的水平，和孔圣人只隔一线，达到这个境界，天资和功夫缺一不可。

孔圣人评价颜回说：我和颜回谈话，有时谈了一整天，他从来没有反对我的意思，看起来笨笨的。当我考察他不在我身边时的行止时，发现他不但懂了我的意思，还能进一步发挥我的意思，由此看来颜回并不笨。

举个例子帮助理解这一章。就像你准备做个桌子，找了个木匠，对木匠详细说了你的制作目的以及桌子的功用、材质、尺寸、颜色等，这个木匠听的时候只是一直"嗯嗯嗯"，感觉完全没听懂没往心里去一样。但交货的时候，你发现桌子和你交代的分毫不差，就是你想要的，甚至你没说出来的要求，这个木匠也已经做出来了。颜回就像这个木匠一样，看起来懵懵懂懂的，实际上完全清楚。

学习圣学这件事情，我们要懂得一个基本道理：道可受不可传。大道难言，孔子对学生也只能是因材施教，"不愤不启，不悱不发"。修道不同于知识和技艺的学习，因为"道"超越概念和形象，只能通过内心的体悟才能把握。

唯有颜回能真正理解孔子，能与孔子以心印心，对于孔子之言，能默识心通，无所疑问，孔子对他自然是"深喜之"。但另一方面，圣人之道也因人而显，颜回能默识心通，这只是他个人的修行，孔子还希望通过他的问难，把"道"发挥得更加精微。

道无可言，法无定法，有人问难，才感而遂通，因人而显。提问者自身的水平直接决定了圣人说"法"的层次。只有这种有水平的"问难"多了，才能形诸文字，助孔圣人儒家之教化发扬光大。

"道"本来就是说不清道不明无穷尽的，"问难"越多，其中的精微就越能显现。但凡是有人"问难"，必然是这个人心中有阻滞不通的地方，圣人可以借此发挥，把这个地方阐发得淋漓尽致。颜回能闻一知十，胸中洞明无碍，"问难"的时候就特别少了，所以圣人也只好寂然不动，没有地方发挥。

# （十）

【原文】

子曰："视其所以，观其所由，察其所安。人焉廋哉？人焉廋哉？"

【老刘说】

这一章是圣人讲看人之法，懂得看人识人是为政很重要的能力。圣人治世，所作所为没有小事，都是牵扯天下百姓福祉的，所以看人识人是非常重要的事情。将小事托付于人，只要按照他人的长处选人就可以了；如果是治世的大事，又怎么可以轻易托付呢？

"视其所以"的"以"是"为"的意思，"所以"即具体在干什么，比如从商、读书、种地等。"视其所以"是观人的大概，是先从大范围分辨，按照大类进行大概定性，最简单的分类方式就是：为善者为君子，为恶者为小人。

"观其所由"的"由"字是"为了什么"的意思，即便目的不同，但为达目的采取的方式方法亦可相同。譬如读书的这类人，读书的目的是不同的，有为己而读书的，有为名而读书的，有为利而读书的，所以要看这个人为什么做这件事。这里侧重指心术正不正。

"所安"的"安"指安定安乐，即心所安处。基于心安乐处的行为是乐此不疲的，否则就会不安不乐，易生改变，这样是没办法长久的。就拿打麻将举例，如果是自己发自内心地想打麻将，坐下玩三天三夜，精神还是很好。但是如果是别人花钱雇自己去打麻将，打麻将的动力源于外部而并非内心，别说三天三夜，坐半天就觉腰酸背痛了，根本原因就是这件事不是来自心所安处。迫于外力去做事情，不管这个外力是利诱还是威胁，结果都是一样的。迫于养家糊口而工作会让人觉得很累，道理是一样的。

"察其所安"就是看一个人心所安处，也就是他本心是否如此，如果是偶然能安，是不能长久的。比如这个人平日喜欢将眼睛放在头顶上，瞧不上这个看不起那个，傲气跋扈，就算暂时迫于形势不得不谦恭有礼，也是没办法长久的，一旦外部压力没了，马上又恢复睥睨四野的架势。对他来说，心安处就是这个地方，偏离自己心安处自己也觉得难受，一旦恢复旧状态，心就舒坦了。

"视其所以，观其所由，察其所安"中的"视、观、察"三字是从浅到深的次序，"视"侧重从大分类看，属于一般情况地看，比如对一个具体的人，先大概看一下他是干什么的，属于士农工商哪一类等；"观"侧重从大体上看，比"视"的程度更翔实深入；"察"侧重从细微处深入分析总结，得出结论。"视其所以，观其所由，察其所安"的次序就像淘米，淘第一遍，先把容易分开的糠去掉，第二遍、第三遍是进一步去除杂质。"所以"只是个大概；"所由"是看他所从之道，如为义，为利等，侧重三观的判断；"所安"是看能让他心安定下来的是什么。

"廋（sōu）"字本义是借助山崖地势搭建的房子，山崖旁边盖房子显然利于隐蔽不容易被找到，所以"廋"在这里指藏匿、隐藏。"人焉廋哉"是说按照上述三点看人之法，必然能看清楚一个人，三点看人法是识人用人的关键所在。重复加反问表示加重肯定，着重表示这种看人之法是毋庸置疑的，被观察审视的人是无处遁形的。

孔子教人的观人之法，不仅仅是对别人有意义，从为学者修身的角度，以此自省亦不至于自欺。"视其所以"即看自己的大方向大范畴。"观其所由"有两个要素，第一是看清自己的特质是什么，擅长什么，拙于什么等，这是自知之明的范畴；第二是清楚自己的目的是什么，以及要通过什么手段或途径达到自己的目的，等等。"察其所安"即扪心自问，自己的心安处究竟在什么地方。按照这条线顺下来自然就是"不自欺"的功夫所在。

# （十一）

【原文】

子曰："温故而知新，可以为师矣。"

【老刘说】

"温"字本义表示加热浴盆里的水，让水温适中。"温"和"煮"虽然同样是对水加热，但意思有所区别，"煮"是以急火加热，"温"是以小火加热。"温"字在这里含有"时习"的意思。

"故"指旧所闻，包括以前的故事等；"新"指今所得。"温故而知新"，对应《论语·雍也》中"君子博学于文"的范畴，"博学于文"的目的是"约之以礼"，不断地博文约礼才能不断地有所得，由此下学而上达就是"知新"。

这个地方可以参照《传习录》中"道无精粗，人之所见有精粗"来理解。"温故"侧重外在见闻上，"知新"侧重自己对义理的提高上，也就是所得方面。通过温故对道的所见越精微，自己对天理也就越清晰。

义理是道层面的事情，义理清楚了，也就掌握了应变的根本，遇到任何事情都能处事不惊、随机应变。如果只"温故"而不能"知新"，最后只能进化成两脚书橱而已，没有什么实际意义。

能"知新"，说明自己在义理上有进境。"温故"是知其然，"知新"是在能知其所以然的基础上有所精微，心得体会并不是自创的，而是从旧闻中开悟新知，使内外新旧融为一体，只有这样才能谈到与时俱进和生生不息。如果只在"温故"的层面，不能在义理方面有所进境，只会照葫芦画瓢，不能从义理的高度指导器用，那么自己很难有所进境，就更不要说去指导别人了。

学医只会死背医书是没多大用处的。如果病人的病症与医书上说的症状相同，会勉强知道如何开药和处理；如果病人的病症不同于医书所载，就不知道该怎么办了，这个水平又怎么能算合格的医生呢？只有真正明白了医术背后的道理，知其然也知其所以然，日常不断总结提高，即便病人的症状和医书上不一样，也不会束手无策。

"温故而知新，可以为师矣"，即"能从温习旧知典故中开悟新知，并且能在'知其所以然'的基础上有所精微，才有资格为人师表"。

# （十二）

**【原文】**

子曰："君子不器。"

**【老刘说】**

关于"德""才"先说一下，帮助理解本章。

"德"是体，"才"是德之用。本章说的君子，指能成德全才，做到"体无不具，用无不周"，这是仅次于圣人的水平。《周易·系辞上》说："形而上者谓之道，形而下者谓之器。""器"是有形的、可见的，"道"是无形的、不可见的。"不器"指能从天理层面贯通的通才。"不器"二字不能死抠字眼理解成没有具体用处，或者理解成"君子不是东西"，这就是笑话了。《传习录》中对"君子不器"有比较详细的解释，可以参考理解。

从用世的角度来说，"器"指各适其用而不能相通。就像一个特定的零件，只能用在特定的位置上，换个位置就毫无用处。即这个人只能从事某个具体方向或者领域，换个方向或者领域就完全抓瞎了，根本原因是不能贯通根本。"不器"的水平是能贯通根本，自然就不存在专限于一个或者几个方向。按照"四书"中的分类，贤人是器层面的，处于获此而失彼，长此短彼的层面。贤人的水平不如君子，君子不如圣人。君子不器的功夫，就是格物致知而已，能廓然大公，无丝毫私欲遮蔽，率能天命之性，天下道理皆能通透，自然就是不器的境界。

这一章和上一章彼此参考学习，就会清楚一个基本道理，分类越来越精细的自然科学体系只是个器用之学。在这个体系后面，应该有天理之学引领和贯通，否则器用之学就会成为毁人之学，最后难免让人类社会迷失方向，失去根本，科技造福变成科技造祸。

"君子不器"即君子不能仅仅局限于器用层面，应该达到"体无不具，用无不周"的水平。

# （十三）

【原文】

子贡问君子。子曰："先行其言而后从之。"

【老刘说】

子贡能言善辩，这一章是孔子针对子贡多言这件事情说的话，是个对症下药的意思，并不是教人不说话。孔子要表达的意思是"欲讷于言而敏于行，敏于事而慎于言，未尝说无事于言"。

我们都知道身教胜于言传，先把自己想说的事情做出来，做完做好再说出来，这样更有说服力。如果空说，就有杜撰臆度的嫌疑，又如何让别人信服呢？比如家庭教育，家长说再多正确的道理，不如先做个榜样出来，孩子自然就跟着做了。家长一再教育孩子要诚实，自己却谎话连篇，孩子又怎么可能会诚实呢？

# （十四）

**【原文】**

子曰："君子周而不比，小人比而不周。"

**【老刘说】**

这一章的重点是"周"和"比"这两个字，这两个字清楚了，这一章也就清楚了。"周"和"比"都是相亲相厚的意思，从表现形式来看很相似，但内里完全是两个方向。"周"侧重于公心，"比"侧重于私心。"周"是普遍、泛爱；"比"是偏党、势利。"周"的范围广大且普遍，是点对面的关系；"比"的范围就小多了，所谓"两两相比"，是点对点的关系。

君子亲厚别人，是周全不遗漏任何人，范围是非常大的，这就是"周"；小人亲厚别人就窄多了，凡是和自己关系近的、对自己有好处的、认同自己的，就去亲厚，反过来就疏远，结党营私说的就是这个"比"字。

"周"是一颗公心做主，无所不爱，为诸侯则爱一国，为天子则爱天下，亲疏厚薄，人前背后都一样，待人怎么合理就怎么对待，做事只看是否循理。君子与人相亲相厚，也有轻重厚薄，但出发点是个"公"字，不是"私"字。"比"是一颗私心做主，判断标准是从私利出发，相亲相厚是有条件的，要么利要么势，爱憎的标准很狭隘，所以相亲相厚的范畴就小得多。举例帮助理

70

解：乡里有个恶人，把他除掉对全乡是好的，那就想办法除掉这个人，让一乡安宁，这就是"君子周而不比"；对于小人来说，这个恶人对自己有利，自己就和他亲厚，对自己没有好处，就疏远他害他，至于这个恶人是否危害乡里，并不是决定自己与其关系远近的标准，这就是"小人比而不周"。著名小人武三思说过："如何是善人？如何是恶人？与予合者是善人，与予不合者是恶人。"

"周"是公的"比"，即无所不比；"比"是私的"周"。"周"的极致就是"为子则孝，为臣则忠"。

这一章如果想深入了解，可以参考《周易》比卦。

# （十五）

【原文】

子曰："学而不思则罔，思而不学则殆。"

【老刘说】

"学"指效人做事，是亲身去做，是学其事，不仅仅是指读书，凡做事都是"学"的范畴。比如学车这件事，最后拿到驾照并能开车上路，这才算是学车，如果学到最后始终不能上路，显然不算是学车。"思"是思其理，"思"只是思所学的事情。

"罔"这里指昏昧迷惘而无所得。学这件事情，仅仅知其然不是目的，知其所以然才是目的。比如学中医仅把方子背得滚瓜烂熟，对后面的医理却完全不清楚，这就是"罔"。

"殆"本义是危险，这里指危而不安，可以直接理解成心里没底。

"学而不思"是不求诸心，就是小和尚念经有口无心，做事完全不思考后面的所以然，走马观花就过去了，这样必然会导致昏而无得。"思而不学"是不习其事，必然会危而不安。仍以学车为例，驾驶手册背得滚瓜烂熟，边看边琢磨，思考得也很多，却没上过车，连方向盘都没摸过。碰到必须开车的时候，不得不逼自己坐在驾驶位上，心里一定是危而不安的。因为自己根本就不知道这车开出去会发生什么，心里是完全没底的。再举个例子，学习射箭，每射一箭都有一次的体会，琢磨其中的道理，指导射下一箭，这样射箭的技术才能提高，如果只是学个样子，不思考总结，就算射一万箭，射术也不会有什么明显的进步，这是"学而不思则罔"。如果只是通过看别人射箭总结射箭技术，自己却从来不摸弓箭，又怎么可能不担心某一天自己需要表演射箭的时候丢人现眼呢？心又如何能安呢？这是"思而不学则殆"。

"思"和"学"是相辅相成的关系，跟着做时思考其中的道理，这样才不至于惘然；思考一件事的道理，还要具体践行，这样才能心中安稳。

# （十六）

## 【原文】

子曰："攻乎异端，斯害也已。"

## 【老刘说】

"攻"在这里是"术业有专攻"的"攻"，是专心从事、专心研习、集中精力在一个方向用力的意思。

事物必然有两端，偏向一端就会远离另一端，从这一头看远离的另一头，就是"异端"。这就像在路上开车一样，左边有边界线，右边也有边界线，开车靠近左边边界线的时候，必然会远离右边的边界线。不能执中道而行，就会偏离中线，这会出现异端。

本章所说的异端，指孔子教人为学，不可专向一端。圣学应当求通其全体，否则贻害无穷。孔子平日讲学，也常兼举两端，执其两端，则自见有一中道。中道在全体中见。仅治一端，就会偏而不中，所以《中庸》中说："执其两端，用其中于民"。

举个例子，在公交车上让座是很常见的事情，见到腿脚不方便的老人上车，作为年轻人来说，不让座自己心里过不去，年轻人让座，老人表示感谢，社会和谐其乐融融，这是"执中道而行"。如果过分强调年轻人必须给老人让座，甚至提到立法高度，就没办法和谐了，一定会有一些为老不尊不懂事理的老人依仗法律强迫年轻人让座，甚至威胁"你不给我让座我就告你"。这样的结果是社会不仅不会和谐，反而戾气更重，这就是"攻乎异端"了。

# （十七）

## 【原文】

子曰："由！诲女知之乎！知之为知之，不知为不知，是知也。"

## 【老刘说】

这章说的是"上不失于自欺，下不失于自勉"。

"由"指仲由（公元前542年－公元前480年），字子路，又字季路，鲁国卞人，小孔子九岁，也是弟子中侍奉孔子最久者。是"孔门十哲"之一、"二十四孝"之一，"孔门七十二贤"之一，受儒家祭祀。

子路性情刚直，好勇尚武，跟随孔子周游列国，一直陪伴孔子左右保护孔子的安全。子路的特点是"无宿诺"，凡是答应今天兑现的事，绝对不会拖延到明天，说话非常算数。

后来子路做了卫国大夫孔悝的蒲邑宰，相当于孔悝的家臣，也就是给孔悝打工。孔悝这个人和孔子是没有任何关系的，这地方不要混淆。在周敬王四十年，也就是鲁哀公十五年（公元前480年），卫国发生内乱，子路临危不惧，冒死冲进卫国国都救援孔悝，死于这场混战，时年62岁，葬于澶渊（今河南濮阳）。

其实救援孔悝子路可以去也可以不去，但子路觉得做人要问心无愧，不可以让自己良心不安。卫国内乱中，孔子的另一位学生高柴（字子羔）劝子路躲避，但子路坚守自己的信念，临危不惧，结缨遇难，实在是儒家君子"杀身以成仁"的典范。从这个角度来说，子路的人品是非常让人钦佩的。

"诲女知之乎"的"女"同"汝"，是"你"的意思，多用于称同辈或后辈。《说文解字》："诲，晓教也。""诲"是"教育、教导"的意思，在这里是指孔子教诲子路。

"诲女知之乎"是孔子教导子路关于"知之"之道。子路性格比较粗鲁，也就是现在说的"比较大条"，心不细，不能随事精察。孔圣人这么说是对症下药的意思。

"是知也"的"知"结合上下文，应该是指"真知"，很多书翻译成"有智慧"其实是不对的。

人有知道的道理和事情，就有不知道的道理和事情，但"知之"和"不知"之间的界线不易厘清。人类是先有确定知道的，以知道的作为参照物，才能知道不知道的。比如我们知道狗是什么，看到一个不是狗的动物，我们显然知道它不是狗，但这个动物究竟是什么，我们是不知道的。很多人把知道这个动物不是狗，等同于自己已经知道这个动物是什么了，这就是把不知的当作已知的给混淆了。

本章译过来就是，孔子说：仲由呀！我教你什么是"知之"之道。你知道就是知道，不知道就是不知道，懂得就是懂得，不懂就是不懂，懂到什么程度就是什么程度，不可以欺骗自己本心。这样做就不会因为自欺而遮蔽自己，更不会因此而被自欺伤害。这才是真知之道。

圣人讲这话有两层意思：

第一，"知之为知之，不知为不知"说的始终是只要保持一个诚意在，就不会有自欺的遮蔽，即所谓的"不诚无物"。

第二，知道自己有不知的地方，应该努力求知，是有个积极进取的意思在。

这章说的是"上不失于自欺，下不失于自勉"，自欺和自勉同样重要。

# （十八）

## 【原文】

子张学干禄。子曰："多闻阙疑，慎言其余，则寡尤；多见阙殆，慎行其余，则寡悔。言寡尤，行寡悔，禄在其中矣。"

## 【老刘说】

子张就是颛（zhuān）孙师，复姓颛孙，名师，字子张。鲁定公六年，颛孙师生于陈国，比孔子小四十七岁。子张为人相貌堂堂，性格张扬，为孔门十二哲之一。颛孙师为人勇武，清流不媚俗。主张"士见危致命，见得思义，祭思敬，丧思哀"。后世对子张的追封比较多，唐开元二十七年（739年）追封其为"陈伯"，宋大中祥符二年（1009年）加封其为"宛丘侯"，南宋咸淳三年（1267年）进封他为"陈国公"，升十哲位，不久又称其为"陈公"。

"学干禄"的"干（gān）"是求取的意思。"干禄"就是怎样去谋生。古代俸和禄是两回事。"俸"等于现在的月薪，"禄"相当于物质配给。比如禄米是用作俸禄的粟米（古代官员俸禄，以米计算，故称"禄米"）；禄位指俸禄和爵位，借指官职。子张这个人性格比较直率，请教的问题很直接，问老师如何"干禄"。

圣人做事是绝对和迂腐不沾边的，面对学生的问题，不会站在道德制高点上纲上线，更不会因为问题幼稚或者不足够高大上而嘲笑或者训斥学生。孔圣人在教学方面很善于因材施教，对于子张的问题，孔子回答说："多闻阙疑，慎言其余，则寡尤；多见阙殆，慎行其余，则寡悔。言寡尤，行寡悔，禄在其中矣。"

"多闻"的"闻"指闻人之言，从书上看到的内容、古人说的话，都是闻的范畴。多闻和博文的意思是一样的。"阙疑"的"阙"是"空出来，放到一边"的意思；"疑"指存疑的部分，也就是自己感觉不太可信的事情。"多闻阙疑"即尽可能多闻，多听别人说，把自己觉得存疑、不可信的部分先放到一边。

"则寡尤"的"尤"是"怨天尤人"的"尤"，这里指别人的责难和无故找麻烦。"慎言其余，则寡尤"即管住嘴巴，说话谨慎，别人想找你毛病也找不着，这样就可以避免绝大部分明面的责难和潜在的麻烦。

"多见阙殆"的"见"是见人之行，前人做的事都是"见"的范畴，比如舜的孝行、比干谏死等，都是在"见"的范围之内。"殆"指让自己感觉心不能安的部分，也就是心里没底的事情。"寡"是"少"的意思。"多见阙殆，慎行其余，则寡悔"即多多观察前人如何行事，并以此为鉴，把自己觉得不能心安的部分去除掉，借鉴行事方式方法的时候，要足够谨慎，这样才能做到很少后悔。

入世治世中，"多闻、多见"必须引起足够重视，很多人对于这四个字过于轻视了，孤陋寡闻必然会导致见识不足，这显然不是为学做功夫的正道。一个人少闻寡见，就不能有足够多的样本作为参考，也就不容易见到可疑之处。如果不能多闻多见，又何来见多识广呢？无知者无畏，初生牛犊不怕虎地做事情又怎么可能不后悔呢？

"言寡尤，行寡悔"即说话能做到少有过失，行事能做到很少后悔。"尤"是从外来的，"悔"是发自内心的。管不住嘴巴，难免会言语伤人，结果就会被人责难。没必要地得罪人，是给自己前进的道路制造障碍；说了不该说的话，难免会被别人捉住短处，让自己陷于被动的局面。做事情自己心里不踏实，难免心中有愧，又如何不后悔呢？

《论语》中凡是说到"在其中"，都是不求而自至的意思。能做到"言寡尤，行寡悔"不会百分之百地得到禄位，但得到禄位是早晚的事情，所以说"禄在其中"。就像种地一样，种地的目的是有粮食吃，但也会碰到灾年没有收成的时候，甚至连种子粮都收不回来，但只要认真努力种地，今年没收成不代表明年也没收成，丰收只是早晚的事情，不能因为一年没收成就放弃种地。

所以，多闻多见慎言慎行是为了立身，不是为了求职谋生，能做到多闻多见慎言慎行，求职谋生的事情自然会水到渠成不求自至。道理很简单，别人从用人做事的角度选可以胜任的人，自己刚好具备条件可以胜任，当然会被赋予机会。

总结一下本章。君子谋道不谋食，孔子不喜欢门下弟子把谋求功名利禄这种人道求有的事情放在人生的首位，毕竟工作和生活只是人生的载体，并非人生本身。在门下弟子问到这个问题的时候，孔子还是就事论事地谈了自己的看法和观点。

在天道求无的高度俯视人道求有，自然就能清晰人间道的规则秩序。多闻多见是博学，阙疑阙殆是精择，慎言慎行是心有敬畏，寡尤寡悔是笃实践行。人世间的谋生求禄之道，就在其中。

# （十九）

## 【原文】

哀公问曰："何为则民服？"孔子对曰："举直错诸枉，则民服；举枉错诸直，则民不服。"

## 【老刘说】

这一章的内容是说，在治国的时候，用什么方法能使百姓信服顺从。

哀公指鲁哀公，姬姓，名将，鲁定公之子，春秋时期鲁国第二十六任君主，公元前494年—公元前468年在位。他在鲁定公死后即位，去世后其子鲁悼（dào）公即位。"哀"是谥号。

鲁哀公是鲁国国君，孔子是鲁国人，这段对话是自己国家的君王问孔子怎样能使老百姓心服。"服"字有两层含义：一是服从，即发自内心地信服顺从；二是迫于压力不敢反抗。这一章对"服"字的理解是个重点。

从政治角度来说，所谓服与不服，在德不在力，用外力强迫使人服是霸术，是没办法长久的；用道德使人发自内心地自然顺服，才是王道。

关于道德重点说一下，《论语》后面的篇幅中涉及比较多，能真正理解

"道""德"二字，就更容易贯通《论语》等"四书"。

道：《尔雅·释宫》说："一达谓之道路。二达谓之歧旁。三达谓之剧旁。四达谓之衢。五达谓之康。六达谓之庄。七达谓之剧骖。八达谓之崇期。九达谓之逵。"只有一个方向的路，叫作"道"；出现分岔路，叫作"歧"，寓言《歧路亡羊》讲的就是丢了羊后因岔路多不知道沿着哪条路去追而没找到羊；更多的岔路各有名称。《尔雅·释宫》对"道"的定义重点是只有一个方向没有任何分岔。

《说文解字》："道，所行道也。"即能走的才算道，不能走人的显然不能归到道的范畴内。"道"的本义指道路，引申为形而上的"道"，指最终极最根本的道理，道只有一个方向，这就是一。对于一个赶路人来说，路不是越多越好，而是越少越好，这是常识。

德：《说文解字》："德，升也。从彳，悳声。""升"和"登山"的"登"字同义，登山走走歇歇，沿着山势慢慢上升。彳（chì），小步也；悳（dé），外得于人，内得于己，"从直，从心"，心，指身之主宰。

所以，"道"是关于路的；相对于"道"来说，"德"是关于走路的。"道"引申为终极道理；"德"随之引申为对这个终极道理的把握，并行于其上。

孔子论政重德化，人心是喜直恶枉的，人君能具此德，天下人自然服而化之。所以，人君居天道以治人道，德和政是如影随形的，德彰显出来，政自然水到渠成。当时，鲁哀公失德，德行不够自然就威信不够，威信不够国内的老百姓就不服，面对这种情况，鲁哀公很着急，于是就请教孔子该怎么样做才能建立自己的威信，让治下的百姓心服口服。

这件事情其实很容易理解，在一个单位当老大，坐在老大的位置上却没威信，下面的人不服气，说话没人听。下达个指令下属嘴上答应好好的，心里却想："就你那个德行，还来管我？"指令完全落实不下去，遇到这种情况，当老大的怎么能不着急呢？所以鲁哀公问："何为则民服？"鲁哀公这么问，只是希望通过某些手段让民众心有恐惧，使民众因为害怕而服从。

在《论语》中，凡是提到君主问的地方，都会称"孔子对曰"，这是表示尊君的意思。

"举直错诸枉"的"举"，小篆字形是双手托物，这里是"举而用之"的意思，即提拔使用等。"直"是公正合理的意思，比如是非曲直、理直气壮等。"错"字在这里不是是非对错的"错"，而是指相向行动时互相避开，彼此不发生碰撞，比如错车就是会车的时候避让，不然就顶牛了；错峰上班就是错开上下班的时间，别人9点上班，我们9:30上班，把早高峰错开。"枉"是不直不正的意思，比如枉法营私（指通过曲解、破坏法律来谋求私利）、矫枉过正等。

圣人告诉他进贤退不肖才是治国之大本。公序良俗彰显于世，秩序井然，天下大同，人心自然就会有敬畏，民众当然会发自内心地对治世者尊敬服从。光靠耍手段是扬汤止沸，治标不治本。

孔子这么说，是针对鲁哀公当时的政治毛病而言。"举直"就是提拔走正道、有才能的人，即有德有才的人，"错诸枉"是把不走正道的人放到下面去，这样老百姓自然就服了。相反，如果"举枉错诸直"，即任用不走正道或者无德之人，把好人打压下去，老百姓自然就不服了。

人性本身就是好贤而恶不肖的，治世者能做到举措得宜，民众又怎么能不服呢？人君要懂得这个道理，同时要具备足够分辨是非对错的能力，明白什么是"是"，什么是"非"，这样才有下手处，如果不具备分辨是非对错的能力，也就谈不上什么定方向定规矩了。同时要具备识人知人的能力，这样才能有效避免枉直交错，治下自然敬服。

鲁哀公因为自己德行不够，导致身在君王的位置上却没有君王的威信，于是请教孔圣人怎么做才能建立自己的威信，让老百姓心服口服。孔子回答说："作为君王能素其位而行，修养好自己的德行，并且把好的德行彰显出来，实实在在地落实到治世上，老百姓自然就心服口服了。具体操作上，无非是整肃吏治，任用贤能，导正社会风气，让公正合理、符合公序良俗的风气成为社会主旋律，也就是让天道行于天下，还世界一个清清朗朗，这样老百姓才能心服口服。如果反过来，让不符合公序良俗的不直不正成为社会风气的主旋律，老百姓又怎么可能真心支持治世者呢？心里真正服气就更不可能了。所以，为君王者能举措有道，用正确的人，人民自然会从心里敬服君王，治世在道，不在权。"

# （二十）

## 【原文】

季康子问："使民敬、忠以劝，如之何？"子曰："临之以庄，则敬；孝慈，则忠；举善而教不能，则劝。"

## 【老刘说】

这一章是讲治国怎么做才能赢得百姓的"敬"和"忠"。

季康子即鲁国大夫季孙肥，"康"是其谥号，史称"季康子"。是鲁国三权臣（孟孙氏、叔孙氏、季孙氏）之首，由于三家皆出自鲁桓公之后，所以称为"三桓"。鲁国末年，三桓强盛而公室微弱如同小侯。《史记·鲁周公世家》说："三桓胜，鲁如小侯，卑于三桓之家。"

哀公十一年（公元前484年），齐国入侵鲁国，季康子任用孔子的弟子冉有，击退了齐人，接着会同吴国在艾陵大败齐人。虽然在这次战事中鲁国获胜，但季康子认为"小胜大，祸也。齐至无日矣"，国家实力明显不对等，这次胜利很有可能会招致齐国以倾国之力来报复。为了避免灾祸，季康子派人把孔子请回鲁国。哀公十六年（公元前479年），孔子卒。哀公二十七年（公元前468年），季康子卒。

季家是鲁国的权臣，后来鲁国就亡在他们手里，答复国君的问话与答复权臣的问话立场和角度都是不同的，这点要注意。

"使民"的"使"作动词用的时候，是"使用、差遣、让、令"的意思，比如奉命办事的人称为"使者"。"使民"就是用各种手段差遣民众的意思，从为政道德的角度上说，这个动机是有问题的。基于这个立场讲"敬"和"忠"，已经是假仁假义了。

"以劝"的"以"是"并且"的意思；"劝"是努力向前的意思。"使民敬、忠以劝，如之何"就是怎么做才能驱动民众在行为上对上位者尊重恭敬，做事尽心无私，同时肯在这两个方面加倍努力。这是季康子的问题。

这个地方用"子曰"，而不是用"孔子对曰"，是因为与孔子对话的是权臣，不是君王。

"临之以庄"的"临"字，金文字形像一人俯首下视一堆物品，本义表示从上向下看；"庄"是严肃庄重的意思。人与人之间的关系是相互影响的，所谓"上梁不正下梁歪，中梁不正倒下来"，居上位者要有上位者的样子，下位者才会有下位者的样子。上位者临下的时候，能做到恭庄严肃，下位者自然就会对上位者尊重恭敬。天下人的聪明程度基本差不多，不是发自内心的真情实感，别人是能看得明白的。只是空洞地宣传，讲一些自己都不信的话，只能骗一时，骗不了永久。内心要有真正的庄严情操，能以身作则，民众自然就恭敬了。

"孝慈"的"孝"字古字形像一个孩子搀扶老人，本义为尽心尽力地奉养父母；"慈"在《说文解字》中解释为："慈，爱也"，"慈"上兹下心，"兹"的意思是草木茂盛，下面加上"心"即帮助他人茁壮成长的心。孝指孝其老，慈指慈其幼，即居上位者能以身作则，引导民众孝慈，让天下百姓都能做到孝其老慈其幼，天下人自然就会忠于其上。一个人对待部下与群众，能有爱儿女一样的心肠，这样的真情流转，又怎么可能不收获别人的忠诚呢？这部分可以参考《学而篇》"有子曰：其为人也孝弟，而好犯上者，鲜矣"，以帮助理解。

"举善而教不能"的"善"指合道之德，也指有德之士，"举善"指任用贤德之士，正确引导社会风气，对善诚恳地予以奖励提倡，不作官样文章；"教不能"指对于部下和民众中不懂的人，不能讨厌他嫌弃他，而是要从为人师长的角度尽量去教他，让他自然受到感化。

"则劝"指在治世位置上的贤德之士辅助君王发挥教化的作用，教诲不能

81

之人，这样就会形成整个社会积极向善的风气，民众就会把忠敬作为自己的行为规范和标准，当然就会在这两方面加倍努力了。如果没有这种孝慈，光是劝导教化是没有用的。政治是基于人道的，只有顺应人性根本才能实施下去，脱离人道的政治是不存在的。

本章要注意的地方：

第一，孝慈的理解：孝是以身作则，自己先做出个样子，让别人有参照；慈是侧重结之以恩，毕竟受人恩惠，当有所回报，恩恩相报是符合天理人情的。

第二，"举善而教不能"是有"劝善"的意思在其中的，如果用暴君治国的方式，凡是善者都举而用之，不善者就拉出去砍了，最后君王就成光杆君王了，社会的生发之气也就没有了，这就失去了教化的本意。

第三，季康子的意思是怎么想办法让民众做到敬忠，偏重的是如何用术。圣人的意思是自己做到了"庄""孝""慈"这三个字，民众自然就会自发自觉地有"敬"和"忠"了，偏重的是如何用道。

# （二十一）

## 【原文】

或谓孔子曰："子奚不为政？"子曰："《书》云：'孝乎惟孝，友于兄弟，施于有政。'是亦为政，奚其为为政？"

## 【老刘说】

这一章是说孝悌与为政的关系，背景是鲁定公初年，季氏擅权阳虎作乱。阳虎在鲁国时是季孙氏的家臣，当时鲁国的朝政被季孙氏把持，阳虎通过控制季孙氏，得以控制鲁国朝政，史称"陪臣执国政"。鲁国国内政治处于小人当道，这个时候出仕不但不能有所作为，反而会祸及自身。以孔子的高超智慧，怎么可能出来做官呢？但这话不能直说，直说就是取祸之道了，所以孔子以托词回答，讲得很委婉。

"或谓"即有人问。"子奚不为政"的"奚"字为疑问代词，相当于"何、哪里、哪个、什么、怎么样"等，"子奚不为政"即"既然您治国理政的水平很高，为啥不出来做官从政呢"。

"政"字在《为政篇》中的意思说一下。孔子说："政者，正也。子帅以正，孰敢不正？"治国理政者自己行得正，就是最大的政治。《为政篇》讲的是为政的大原则，不是讲政治操作的具体方法，二者是形而上和形而下的关系，不可混为一谈。

"《书》云"的《书》指《尚书》。"孝乎惟孝，友于兄弟，施于有政"出自《尚书》，原文是："王若曰：'君陈，惟尔令德，孝恭惟孝，友于兄弟，克施有政。命汝尹兹东郊，敬哉！'"

"孝乎惟孝，友于兄弟"第一句是赞美"孝"，即孝是根本所在。把"孝"做好了，"悌"只是一件水到渠成的事情。"施于有政"即把孝悌顺延扩展到治世上。这句话是有顺序的，先是孝，然后是友，友之后是政。政是齐家、治国、平天下的事情，不仅仅包含孝悌，但孝悌是治世为政的根本所在。

面对别人的诘问，孔子反问说："是亦为政，奚其为为政？"即"这就是为政了，您以为如何才算从政呢？你以为只有做官治民才算为政吗？"

政者正也，即伦理清晰行事条理分明，在根本处能得其正。一个人能够孝敬父母，友爱兄弟、朋友（社会关系），处理好五伦关系，这也就是政治了。修齐治平都是具体为政的表现形式，并不是说只有出仕才算为政。

孔子的话是有所指的，鲁定公的哥哥鲁昭公，被季氏等三家权臣驱逐，在齐、晋流亡七年，死在晋国。之后三家立了鲁定公为君，鲁定公却没有治三家驱逐国君之罪。所以孔子这么说是有暗讽在其中的。

儒家内圣外王功夫是一体的，所以说处理家事叫家政。人是有社会性的，不以人伦为根本出发点，又有什么为政可言呢？如果当时鲁国的政治气候良好，孔子出来为官，所作所为一样也是从人伦这个为政之本入手。

# （二十二）

**【原文】**

子曰："人而无信，不知其可也。大车无輗，小车无軏，其何以行之哉？"

**【老刘说】**

忠是信之本，信是忠之发。"忠"是从心上说的，"信"是从具体事情上说的，二者是内外一体的关系。"信"在这里指能履行诺言。

"可"是"能够、可以"的意思。"人而无信，不知其可也"即人如果没有诚信，政府如果没有公信力，就算有法律法规、道德礼俗等，仍然是什么事情都不能正常推进的。

孔子接着打了个比方来说明"信"的重要性，"无信"就相当于"大车无輗（ní），小车无軏（yuè）"。

大车指牛车，也就是古代笨重载货的车，车前有两个牵引承重的长杠，古称辕。一横木缚两辕端，古称衡。一曲木缚横木下，古称轭。牛头套曲木下，可使较舒适。輗则是联结辕与横之小榫头。先于两辕端凿圆孔，横木两头亦各凿圆孔，与辕孔相对。

小车指马拉的轻车，用作战车及平常出行用车，车前中央有一辕，辕头曲向上，与横木凿孔相对，軏贯其中。横木下左右缚轭以驾马。

輗和軏二者都是车子上的关键所在。

輗和軏大家几乎没见过，打个比方帮助理解，这两个位置就相当于汽车离合器的位置，发动机的动力要借助这个地方才能起作用，如果这个地方断了，发动机再强劲也是没用的，因为动力根本作用不到轮子上，车只能瘫在原地了。古代的牛车和马车也是一样的道理，连接受力点的关键没了，车只能瘫在原地了。

从做人的角度来说，人如果没有信用，在五伦关系中是没有办法立足的，相处时间稍微长一点，大家就都知道这个人是什么货色了，这个人差不多也就社会性死亡了。

从治世的角度来说，为政的道理在于言而有信，这是非常重要的。治世者失去公信力是一件非常可怕的事情，这就意味着不论说真话还是假话，都会被认为是说假话；无论做好事还是坏事，都会被认为是做坏事。

治世这件事情，要目光远大，一项政策至少考虑未来几十年甚至上百年的变化与发展。天下事一定会变，而且时时刻刻都在变，不可能有一个完美无缺的法律或办法来搞定未来的所有变化，所以做预案要有百年大计的眼光，留出应变的余地，不可只顾眼前。

如果只顾眼前，没有把事情因时间和形势的变化而带来的变化考虑进去，就会发生早上下的命令，晚上认为不对又赶快改过来，这就是朝令夕改言而无信。所以公信力不能简单地理解成说话算数，而是有长远的考虑，知道什么话能说，什么话不能说，什么话说了是完全可以兑现的，什么话即便说了也很难兑现。为政治世者，能做到心里有谱，才能谈到公信力。

# （二十三）

## 【原文】

子张问："十世可知也？"子曰："殷因于夏礼，所损益，可知也；周因于殷礼，所损益，可知也。其或继周者，虽百世，可知也。"

## 【老刘说】

这一章是讲为政要继往开来，由此可以预知世事演变的道理。

《说文解字》曰："世，三十年为一世。"世是时间长度单位，"十世"即三百年，虚指时间久远。《朱子语类》（宋代朱熹著，黎靖德编）："十二万九千六百年为一元，一元有十二会；一万八百年为一会，一会有三十运；三百六十年为一运，一运有十二世。"

子张问老师："十世可知也？"即"为政这件事情是不是可以做到先知，预言将来的演变呢？"

子张这句话问得很笼统，有点没头没尾的感觉，何晏的《论语注疏》把这句话补充为"夫国家文质礼变，设若相承至于十世，世数既远，可得知其礼乎？"即"一个朝代从建立开始，制度、形式、礼仪等都会不断地变化，如果这个朝代延续十代之久，能否推演出这些变化呢？"

"殷因于夏礼，所损益，可知也"的"因"是"沿袭，前后相承"的意思；"礼"在这里指一切政治制度、社会风俗以及伦理彰显出来为大众遵守的一切；"损益"和加减的意思差不多，指在原有的基础上有所增减变通。

孔子指出历史演变这件事是有迹可循的，参考以往，就可以知道恒常不变的部分和一定会因为时势不同而变化的部分，所以从为政的角度来说，将来的演变是可以预知的。一个"礼"字把历史演变的种种重要事项都包括在内，"礼"的表现形式必然会随着时代的变化而变化，但"礼"的本质是恒常不变的。孔子历数夏、殷、周三代之间的顺承沿革，来说明其中变和不变的规律，由此说明未来是可以推演的。

子张虽然问得笼统，但孔子通过朝代礼仪制度的更替，透过现象看本质，回答其中内在不可变的部分；以"为政以德"为主线，阐明世代变更的本质，夏代由"仁"变为"不仁"，其德衰亡，其礼也随之衰落；殷商承接"仁"而不变，其礼沿袭夏礼之精华，又能因时损益，礼亦兴，所以殷商取代夏而立世。周朝取代殷商也是同样的，后世取代周朝也不外于是，以此类推，就算是百世更替，也同样离不开"为政以德"这四个字的。知道了沿袭和变革的道理，自然也就知晓了推往知来的推演之法。《周易》损卦象辞说："损益盈虚，与时偕行"，说的也是这个道埋。

# （二十四）

## 【原文】

子曰："非其鬼而祭之，谄也。见义不为，无勇也。"

## 【老刘说】

祭祀有当祭和不当祭的区别，自己的祖先是该祭祀的，崇德报恩，也是该祭祀的，这些都是当祭的范畴；为了求福惧祸而祭祀，是不当祭的范畴，不当祭而祭祀，这就必然是谄媚之心作祟了。

"非其鬼而祭之"比喻不当为而为之。谄媚之心是"非分之心"之一，通过谄媚之心也就看到非分之心的全部。大凡不当为而为之的事情，必然是有非分之心在其中，即私欲遮蔽良知不能安分守己，在非分之心的牵引下，难免会干出损人利己的事情。

另外，祭祀这件事情是不能僭越的，比如天子可以祭天地，诸侯可以祭山川，一般老百姓只能祭祀自己的祖先和家宅六神［门神、户神（一扇曰户，两扇曰门）、井神、灶神、厕神、土地神］。上位者可以祭祀所有，下位者不能僭越，僭越就是"非其鬼"了。

"见义不为，无勇也"中，"义"是事之宜也，凡道理上所当行的都是"义"的范畴，"见义不为"是当为而不为；"勇"是勇敢，"无勇"是心中浩然之气不能够充盈饱满的表现。

这章作为《为政篇》的最后一章，是说为政这件事是直指人心的，再好的大道，都必须落实在具体的行动上，否则要么违道，要么无用。不当为而为之是违背"为政以德"之道；当为而不为，结果就是空谈误国，"为政以德"无法落地。所以"为政以德"这件事情，必须为所当为，智勇双全，才能真正彰显其意义所在。

# 【八佾第三】

　　《八佾篇》主要是论治国中的礼乐得失。礼本于人心之仁，礼的崩坏是从人心不仁开始的，人心一旦偏离仁道，就会像能溃千里大堤的蚁穴，溃烂会迅速蔓延开来，公序良俗逐渐被破坏，社会秩序慢慢偏离常道。

　　社会失去良好秩序的表现是大环境发生变化，小人道长，君子道消，天道不能行于天下，魑魅魍魉纷纷粉墨出场，最终社会难免失去秩序而生灵涂炭，这是任何有良知的人都不愿意看到的。

《孝经·广要道章》说："移风易俗，莫善于乐；安上治民，莫善于礼。"《汉书·礼乐志》中说："礼节民心，乐和民声，政以行之，刑以防之。礼乐政刑四达而不悖，则王道备矣。""礼"的作用是节制民心，让每个人都能找到自己在社会结构中的位置和身份，譬如父子之间根据各自身份不同，有一套符合各自身份的礼节。一个人在自己父亲面前，用的是身为儿子的礼节；面对自己儿子的时候，用的是身为父亲的礼节。

人际关系中，人的行为举止需要和自己的意识同步，这样才能保证社会秩序井然。比如祖孙三代人在一起，作为居于中间的儿子，必须在为人儿子的身份和为人父亲的身份之间不断切换，有礼节限定就能保持这种切换是顺畅自然的。对于意识和行为同步这件事情，不是每个人都能做到。意识先于行为到达，处于这种情况，"礼"能让人在最短的时间内，把自己的行为举止切换到与自己相匹配的社会身份，保证人的身份在不同人际关系中顺畅切换，这样才能做父亲的有父亲的样子，做儿子的有儿子的样子。

"移风易俗，莫善于乐"，"乐"能合人七情，深入人心，潜移默化地影响社会风俗和价值观，"乐"对于教化天下，推进公序良俗是有决定性作用的。譬如流行音乐，对青少年的价值观和行为模式影响是非常大的。作为最大追星群体的广大青少年，正处于心理发育还不够成熟，没有足够辨别是非的能力的人生阶段，如果流行音乐主体是比较消极和颓废的，其中的消极思想就会影响青少年的观念，淡化青少年积极进取的力量，进而影响他们的三观，长此以往，对于青少年来说是非常不利的。同样，电视剧、电影这些也属于"乐"的范畴，因为其受众广大，影响力同样不容小觑，它们承载的内容在一定程度上必然会影响民众的行为模式和思维模式，这种影响甚至会超过一些政府政令的影响。

从治世的角度说，"礼"和"乐"可以直接作用于人心，作用远远大于"政"和"刑"。"政"以事为核心；"刑"是以惩戒为手段，以防为核心，二者都不是治世的关键所在。"刑""政"是辅助"礼""乐"治天下的，如果只有严刑峻法，虽然会让民众畏惧，但必然会抑制社会的生发之气，这是暴君治国只知杀戮不知生长的模式，虽然看似秩序井然，但社会死气沉沉，也就失去了治世的基本意义。

从治国的角度说，"礼乐治天下"中，"礼"的作用是安上治民，"乐"的作用是移风易俗，二者在治国的重要性上无可替代。"礼乐"能合天地大道，公序良俗就会彰显，人心正了，行为自然就正了。如果"礼乐"不能被正确引导，就会礼崩乐坏，社会寡廉鲜耻，大风气败坏之后，再好的制度也是没用的。

其中道理很简单，制度法规只能管住人的行为，管不住人心。制度法规要靠人来执行，如果人心是坏的，再好的制度也无法避免被坏人钻空子，最后难免千疮百孔，失去初衷。

譬如历史上的"黄宗羲定律"，历朝历代历次农业税费改革初衷都是希望减轻农民负担，但实际情况是每改革一次，农民的负担非但不会减轻，反倒加重。黄宗羲称之为"积累莫返之害"。本质上是基层执行者怠政懒政，甚至为谋私利而鱼肉百姓自肥导致的。比如王安石的青苗法，本是宋朝官府在灾年贷款给农户，使他们免受高利贷盘剥，结果执行中却异化为强行摊派，巧立名目盘剥下民，结果自然是民怨沸腾，民众苦不堪言。

八佾的"佾"是"行列"的意思，"佾生"即乐舞生。八佾即八行八列，共六十四人，这是天子的规格。以此类推，诸侯之邦，六行六列共三十六个人，称为六佾；诸侯之下的大夫——大臣之家，用四行四列共十六人，称为四佾，士用二行二列共四个人，称为二佾。

"天子用八佾"出自《左传》："考仲子之宫将万焉。公问羽数于众仲，对曰：'天子用八，诸侯用六，大夫四，士二。'夫舞所以节八音而行八风，故自八以下。"所以天子之舞的规格是八佾。

本篇为啥叫"八佾"呢？有两种说法，一种说法是，季氏僭越这件事情孔子非常反感，所以把僭越的具体事作为篇名；另一种说法是，《论语》每一篇的篇名应该是全书编撰完成之后才定的，第十六篇篇名为"季氏"，这个地方如果也叫季氏，就重复了。

# （一）

## 【原文】

孔子谓季氏，"八佾舞于庭，是可忍也，孰不可忍也？"

## 【老刘说】

此章是讲鲁大夫季孙氏礼乐僭越的事。"谓"字本义是"评论、评价"，在这里有"讥讽"的意思，即旁敲侧击地批评。"季氏"指鲁大夫季孙氏，当时季孙氏是季桓子做主。

季孙氏在自己家里用八八六十四人的八佾之舞，季孙氏是大夫的身份，这显然是大夫僭用天子之礼。就像一个大家庭吃饭的位置是固定的，中间的椅子是老太爷坐的，今天老太爷没在家，儿子直接坐到这把椅子上了，这就是僭越。孔圣人对季孙氏僭越这件事予以旁敲侧击的批评。

"是可忍也"的"忍"指"容忍"，季孙氏以大夫身份僭越天子之礼，这件事能容忍，还有什么事不能容忍呢？鲁国国君对权臣放肆僭越无能为力，对此孔圣人很不满。

"孰不可忍也"这句是指责批评季孙氏。"孰"是"谁"的意思，指人不指事；"忍"指"忍心"。季氏僭越天子之礼，这是对君上的轻视和不尊重，相当于欺负上位者，这种事情季孙氏都忍心去做，还有啥事不忍心做呢？将来干出杀君弑父的事情，也是完全有可能的。

这个地方要注意，"是可忍"和"孰不可忍"侧重点是不同的，"是可忍"侧重指事，"孰不可忍"侧重指人。

这一章里，季孙氏僭越的表现仅仅是八佾，只是人数上有所僭越，不算很严重的僭越，孔圣人就事论事，旁敲侧击地对此事做了批评；当僭越得更严重的时候，孔圣人说话就没这么客气了。这一章和下一章，孔子的指责对象都是季孙氏，不是鲁国国君。

本章对于我们这些普通人来说，是可以借鉴的。季孙氏刚开始用八佾的时候，心里应该也是不安的，但八佾毕竟热闹有面子，这个时候初心就开始放水了，用的次数多了时间久了，就习以为常了。

就这样，初心被私欲遮蔽，偏离了天理良知。我们很多人也是这样的，做某件事情，刚开始心也是不安的。姑息纵容心中的私欲，如同铁钉生锈，刚开始只是一点点锈迹，任由其发展蔓延，最后整个钉子就完全锈迹斑驳了。所以，如果能在心有不安的初心处就坚决遏制住，就没有后面的严重后果了。

# （二）

【原文】

三家者以《雍》彻。子曰："'相维辟公，天子穆穆'，奚取于三家之堂？"

【老刘说】

这一章是孔圣人引用《诗经·周颂》的原文，对三家权臣僭越的事情进行讽刺和批评，语气显然比八佾僭越更不客气。

"三家"指孟孙氏、叔孙氏、季孙氏。这三家权臣都是鲁桓公之后，孟孙氏是庆父之后，叔孙氏是叔牙之后，季孙氏是季友之后。

《诗经》由《风》《雅》《颂》三部分组成，《颂》是宗庙祭祀用的乐曲，共40篇，分为《周颂》《鲁颂》和《商颂》。《雍》是《周颂·臣工之什》第七篇，《雍》共16句，是周天子在宗庙祭祀后撤去祭品礼器的乐歌。内容是："有来雍雍，至止肃肃。相维辟公，天子穆穆。于荐广牡，相予肆祀。假哉皇考，绥予孝子。宣哲维人，文武维后。燕及皇天，克昌厥后。绥我眉寿，介以繁祉。既右烈考，亦右文母。"

"彻"通"撤"，古代礼祭完毕，要撤去祭品礼器，这个过程中有乐人歌诗伴奏直到仪式完毕。《雍》是为周天子举行祭礼临撤专用的乐歌，而三家权臣撤祭的仪式中也命乐工用《雍》伴奏，这显然是严重僭越。三家权臣不但眼里没有顶头上司鲁君，甚至对中央的周天子也毫无敬畏之心。

《雍》的原文"相维辟公，天子穆穆"中，"相（xiàng）"是"辅助、帮助"的意思，这里指助祭者；"维"是助词，相当于"是"；"辟（bì）"指参加祭祀的众位诸侯；"公"指被周天子封王的夏商后代，夏之后为杞，殷之后为宋；"穆穆"形容天子仪容整肃，以上临下庄重威严。"相维辟公，天子穆穆"即周天子在宗庙中祭祀，诸侯都来助祭，整个场面宏大肃穆，天子庄重威严，至美至敬。

按照周礼，如果没有诸侯和杞宋二公同时作为助祭者参与祭祀，即便是周天子本人，也是不能用《雍》伴奏的，诸侯祭祀就更没有资格用《雍》伴奏了。

"奚取于三家之堂"的"奚"在这里为疑问代词，相当于"何、哪里、哪个、什么、怎么样"等；"堂"指供奉祖先的祠堂。三家权臣都是鲁桓公之后，供奉鲁桓公的祠堂在季孙氏家里，遇到祭祀祖先的活动，三家都到季孙氏家的祠堂参加。在祭祀祖先结束撤下祭品和礼器的环节，居然使用只有周天子才有资格用的《雍》乐伴奏。

《雍》乐是周天子在诸侯和杞宋二公的簇拥下才能使用的国乐，而三家权臣拥护左右的只是家臣而已，居然也敢这么做，这是非常严重的僭越行为，真不知道他们究竟是怎么想的！《雍》中"相维辟公，天子穆穆"和三家僭越的行为之间，形成了非常鲜明的对比，极具讽刺性。

从治世的角度来说，冰冻三尺非一日之寒，社会风气的变坏往往是由有权势的人导致的，越是居上位者，越要注意防微杜渐，永远不要轻视由此带来的深远影响和严重后果。

# （三）

## 【原文】

子曰："人而不仁，如礼何？人而不仁，如乐何？"

## 【老刘说】

"礼主敬，乐主和"，礼乐犹如车之两轮，有礼没乐，就会偏于拘束不舒服；有乐没礼，就会偏于放纵低俗化。礼乐相辅相成才是和谐自然的景象。

比如源自周五礼（周五礼在下一章会详细讲）之一的军礼，如果没有雄壮的军乐伴奏，威武的气势就彰显不出来。感兴趣的读者可以试试找个现代阅兵的视频，把声音关了感觉一下，就明白这个意思了。

如果只有音乐没有具体仪式的话，参与的人在音乐的驱动下由着性子想怎么干就怎么干，难免会被欲望牵引而堕入低俗化，大家可以想象一下在某些娱乐场所中，在酒精和嗨曲的作用下群魔乱舞的景象。

所以凡是五礼，现场一定是礼乐相辅相成的。

仁和礼乐的关系梳理一下：仁是灵魂，礼乐是躯壳；仁是发心动念，礼乐是在发心动念驱动下的具体行为。仁和礼乐就像树根和树苗的关系，树根健康树苗才能生机勃勃茁壮成长，无根之树无论当下多光鲜，也是活不长久的。

内心之仁是摸不着看不见的，蕴蓄在内，如果没有礼乐作为载体，内心之仁就无法彰显出来。礼乐是内心之仁的具体载体，是表达在外的事情。因为礼乐必须依托具体器物和动作，所以礼乐是能看得见、听得着的。如果无内心之仁，礼乐只剩下躯壳和形式，就失去了创建的意义，所以二者是一内一外，以器载道，道器合一。

礼制为周公所制，孔圣人阐明了仁是礼乐根本的道理。礼是器用层面的事情，是仁的载体，是有形有质能感受到的，必然会随着时代的变化而变化，不能食古不化，迂腐而不知变通；仁是根本，是无形无质摸不着看不见的，只能通过载体彰显出来，所以仁是亘古不变的。

身的主宰是心，心中无仁，则礼乐皆为虚文。譬如逐利之人即便天天读圣贤书，也只是琢磨如何利用圣贤书，肢解和歪曲经文，夹带私货从中谋利，即便能倒背如流，也改变不了这种人沐猴而冠的本质。

# （四）

## 【原文】

林放问礼之本。子曰："大哉问！礼，与其奢也，宁俭；丧，与其易也，宁戚。"

## 【老刘说】

林放（公元前552年—公元前480年），字子丘（邱），春秋末鲁国人，故里在今山东新泰市放城镇。汉代文翁（越大夫文种后裔）在所作《礼殿图》中，特为林放绘制了肖像（见李启谦《孔门弟子研究》）。唐开元二十七年（739年），唐玄宗李隆基追赠林放为清河伯。宋大中祥符元年（1008年）宋真宗赵恒下诏书追封林放为长山侯，并从祀孔庙。本章是说明"礼之本意"的。

古代礼制简单说一下，帮助理解本章内容。

中华文化是法天则地的，《汉书·礼乐志》说："象天地而制礼乐，所以通神明，立人伦，正情性，节万事者也。"礼乐取象于天地，是通神明的，这个地方不要把"通神明"理解成超自然的不可知，"通神明"在这里是指效仿自然之序，以立人之伦理。

在日常伦理秩序中，通过具体礼节的不同来界定长幼之序和人际关系边界。拿婚礼举例，婚礼中不同的人会根据自己的身份地位等界定自己的言语行止，譬如娘家的客人、婆家的客人，不同辈分、不同远近关系的人，坐什么位置，能说什么，能干什么，都是不同的。经常参加婚礼的人对这些基本规矩都是清楚的，如果参加别人婚礼还不按照这些规矩来，轻则被人笑话不懂事没家教，重则被社会边缘化，以后别人家各种婚丧嫁娶活动就不带你玩了。这就是以礼立人伦。对于普通人来说，在生命的历程中，性情难免会被种种私欲沾染，立人伦就是一个逐渐养成和导正性情的过程，最终让人回归天命赋予的性情。

"节万事者也"的"节"本义是竹节的"节"，引申意思是"节限"。竹子是上下相通的，但每段之间有竹节把上下界定得非常清楚。"节万事者也"就是说世间万事在运行过程中，彼此之间都是有临界点的，礼的一个作用就是标注出这个临界点。

比如"夫妻有别"这一伦中，即便同床共枕亲密无间，有些界限也是不能超越的，家庭里各司其职各安其位，干好自己的本分，不去侵略对方的边界，家庭内部关系才会健康融洽。如果两口子非要搞东风压倒西风或是西风压倒东风，应对大小事情不是首先确定属于谁的伦理范畴，而是不分青红皂白先争谁说了算，这样的家庭难免会鸡飞狗跳，内部关系是没办法真正和谐稳定的。

再比如在工作中，单位都是以事为中心的，和领导的关系再好也要有分寸，能坚守自己的本分不僭越，上下级关系就比较容易健康长久。能做到知晓这个节限，能在这个节限之前止步，双方就比较容易和谐相处。当领导表达出欣赏亲近你的意思，你自己要把握好尺度，不能蹬鼻子上脸，否则，就犯了职场大忌。比如领导刚说两句好话，表达出点欣赏亲近的意思，有些刚参加工作的年轻人就敢去拍领导肩膀，这样一来，上下级后面就很难健康相处了。

保持礼节也是需要灵活运用的，在不同的场合要有所变化，但一定要知道节限就是高压线，一旦触摸就会后果很严重，甚至导致彼此伦理关系发生质的变化。

所以，《礼记·礼运篇》说："故圣人以礼示之，故天下国家可得而正也。"礼就是天理在人类社会中的彰显，大作用就是让天道行于天下，让社会运转与天理同频合拍。礼只要在人类社会中完全建立并推行下去，社会大众就会心悦诚服地去接纳它，并且在礼的养成教育下回归本性，在礼的约束下守住自己的限节，就相当于一台机器的每个零件都在自己该在的位置上，按照该零件的设计目的工作，不超越自己的边界，在自己的位置上做好自己的事情。每个零件都发挥好自己的作用，这台机器的运转自然就会是良好健康的。

治世也是同样的道理，每个人安守自己的本分，在自己的位置上做好自己的事情，严守底线不僭越，国家必然是健康和谐充满活力的。

据《周礼》记载，礼划分为吉、凶、军、宾、嘉五等，合称"五礼"。

1. 吉礼是五礼之冠，主要是祭祀典礼。包括祭祀天地神明、祖先，封禅之礼等。祭祀先圣先师是立学之礼，也在这个范畴。普通人家祭祀家宅六神（门神、户神、井神、灶神、厕神、土地神）。

2. 凶礼，常指丧葬之礼，就是平常说的办白事之礼。

3. 军礼，即与军事活动有关的礼，包括田猎、校阅、献俘、出师之礼等。

4. 宾礼，即接待宾客之礼，包括朝见、会盟、宾射、贺庆之礼等。

5. 嘉礼，即喜庆之礼，包括冠笄、婚嫁、飨燕和亲朋之间的庆贺活动之礼等。

"礼之本"即礼的"根本、本原"。林放请教孔子"礼之本"，是想知道"礼"是怎么来的，其中道理又是什么。

礼的根本很多人都搞不清楚，大部分人关注的只是具体礼节的流程、标准等，譬如一种行为具体怎么做才算合宜等。而林放能直问其根本，说明林放这个人看问题是很有水平的，所以孔子听到林放问出这样的问题非常高兴，于是赞叹他的提问是"大哉问"，即问得非常有水平，非常有意义。

按照五礼的划分，"丧"是凶礼范畴，和其他四种不一样，丧礼只能说"易、戚"，不能说"奢、俭"。所以孔圣人对林放的疑问分成两部分回答。

"礼，与其奢也，宁俭"的"礼"指除凶礼之外的其他四礼。"奢"指奢侈，即过分铺张浪费；"俭"指朴素节省。礼的根本在于人心之仁，具体的礼仪只是人心之仁的表达。正是因为有表达的需要，才出现了礼仪，这才是"礼"的根本所在。过分奢侈就会流于浮华不实，过分俭省就会流于表达不足，"奢"是外有余而内不足，"俭"是内有余而外不足，都是不能完全合道循理的表现。但二者相较来说，俭省毕竟根本还在，奢侈会导致偏离根本，所以就凶礼之外的其他四礼来说，奢侈不如节俭。

就礼仪的产生发展来说，最初是谈不上俭省奢侈的，尧帝居住的是茅草房，台阶也是以土筑成的，礼仪最初只是表达内心之仁，后面随着社会的发展，才有了各种装饰。就像人穿衣服一样，衣服的本质是保暖护身，无论如何变化，衣服设计制作都不应该偏离其保暖护身这个根本。

"丧，与其易也，宁戚"的"丧"特指凶礼，这句话的难点是"易"字的理解。"易"字不能理解成"简易"，而应该理解成治办（即善于办理事物）。"治"，即有关丧葬的礼节仪式办理得很周到，熟练完美无瑕疵，这样理解才能和后面的"戚"字对应上。

"戚"指心中的悲伤之情。亲人逝去心有悲伤是人之常情，丧礼是让悲伤之情宣泄出来，同时要有"毁不灭性"的节制作用在。比如亲人去世，过分悲伤不食不眠就会伤害身体，这是逝者不愿意看到的。《孝经·丧亲章》上说："三日而食，教民无以死伤生。毁不灭性，此圣人之政也。"按照礼制，不管生者如何悲伤，到一定时间必须吃饭喝水，否则就是不孝。这样制定礼仪，目的是避免逝者引发的悲伤伤及生者。如果丧礼上过分强调仪式周到可供观瞻，甚至为了在丧礼上表现完美，巴不得再有丧礼发生，就是以此为乐，不是哀戚之情了。

过分强调仪式周到就会失去根本，过分哀戚不顾仪式就会失去节制以死伤生，"易"是外有余而内不足，"戚"是内有余而外不足，但哀戚是根本，仪式是哀戚的彰显，所以"宁戚"。

"俭"和"戚"是不及，"奢"和"易"是过了。譬如花朵，"俭"和"戚"是含苞待放没有完全绽放，"奢"和"易"是红衰翠减已经开过了。含苞待放还有完美绽放的可能，红衰翠减是完全不可能重新绽放的。

礼是由内心和外在表现两部分组成的，二者兼备才是个完整的"礼"，就像一个人由灵魂和肉体组成，二者缺一不可。只有灵魂没有肉体是没办法做任何具体事情的；只有肉体没有灵魂则是一具行尸走肉，谈不上任何人性。内心为本，外在表现为末，内心主宰外部表现才是正理。过分追逐外物，难免会为外物所役使而偏离本心，《学而篇》中说"巧言令色，鲜矣仁"，也是这个道理。

林放看到当时世上礼仪多是注重外部表现，轻视内心根本，所以请教圣人"礼之本"。这个问题不好回答，如果孔圣人直接说礼的根本是人心之仁，听者难免会执本贱末，所以孔圣人的回答本末兼顾，具体着实，这样才不会有弊端和误导。

# （五）

## 【原文】

子曰："夷狄之有君，不如诸夏之亡也。"

## 【老刘说】

这一章是说中国礼义之盛，夷狄是没有如此气象的。

"夷狄"指蛮荒偏远没有礼义教化的地方，这些地方虽然有君主、酋长等统治者，但因为没有文化基础和氛围，往往是出现一个不世出的雄主便能内部统一强盛一时，一旦这个人不在了，很快就分崩离析。比如马其顿的亚历山大大帝，法国的拿破仑，等等。

"诸夏"指中国。金文中的"夏"字是一个人的象形：头、发、眼、身躯、两臂、腿脚一应俱全，且双手摆开呈现出一种强而有力的架势。"夏"是"大"的意思，"华夏"即中国有夷狄无可比拟的"礼仪之大，文章之华"。

"亡"是"无、没有"的意思。中华文化是法天则地的，君王只是上天在人类社会的代理人，君上臣下的关系只是礼在社会秩序中的一部分，国可以暂时无君，但不可无礼，因为礼是社会秩序正常运转的保证所在。蛮荒偏远没有礼义教化的地方，就算有君主统治，社会秩序靠的是强权和利诱等手段，在社会正常运转方面远远不如中国。

即便中国身处纷乱之中君王无能的时候，譬如"永嘉之乱，衣冠南渡"，当时君王毫无威信，各士族门第鼎盛，正是中国"无君"的状况，但是汉民族没有因此而亡族灭种。国家不怕亡国，亡了国还有办法复国，如果文化亡了，则从此永不翻身。试看中外的历史，哪有文化亡了还能翻身的民族呢？

注意，这个地方不要断章取义地理解成"社会有道就可以无君"，而应该知道圣人本意是说"道高于君"。

# （六）

【原文】

季氏旅于泰山。子谓冉有曰："女弗能救与？"对曰："不能。"子曰："呜呼！曾谓泰山不如林放乎？"

【老刘说】

冉有，字子有，尊称"冉子"，鲁国人，周文王第十子冉季载的嫡裔。孔子门徒，孔门七十二贤之一，受儒教祭祀。《史记·仲尼弟子列传》云："冉求字有，少孔子二十九岁。"以政事见称，多才多艺，尤擅长理财，曾担任季氏宰臣。

东汉明帝永平十五年（72年）祭祀孔子时以冉子为配祀；唐玄宗开元八年（720年）列其为"十哲"之一；唐开元二十七年（739年）赠"徐侯"；宋真宗大中祥符二年（1009年）又封其为"彭城公"；度宗咸淳三年（1267年）改为"徐公"，从祀孔子。

这一章是孔圣人对季氏僭越，非礼祭祀泰山的讥讽。

"旅于泰山"不是去泰山旅游，"旅"在这里指一种祭祀仪式，规格低于正式的祭祀。古代天子有资格祭祀天下名山大川，诸侯只能祭祀自己境内的山川，东岳泰山显然在名山范畴内。季氏作为鲁国大夫，只是诸侯陪臣，是没资格"旅于泰山"的，这么做不仅僭越鲁国国君，更是僭越周天子。所以说是非礼祭祀泰山。

孔子的学生冉有，当时为季氏宰臣，相当于总管，是在季氏面前能说得上话的人，所以孔圣人对冉有说："女弗能救与？"

"女"即"汝"；"救"在这里是"劝止"的意思；"与"为语气助词，表示感叹。孔子知道季氏僭越，祭祀泰山，就对自己的学生冉有说："你是季氏的家臣，也知道这是僭越不合宜的行为，应该想办法劝止他。"

冉有回答说"不能"，意思是这件事情劝不劝没多大意义，季氏经常干僭越的事，现在已经习惯成自然，想劝止是不可能的，说了也白说，不会有任何效果。

"曾谓"是"难道"的意思。神不享非礼，如果泰山真有神灵存在，对于季氏这种僭越的祭祀之礼必然不会接受；如果神灵接受了这种祭祀之礼，岂不是不如林放这样的一介凡人了？

孔子不轻言鬼神，凡是谈及鬼神都是以人事常理来推断。守道有礼的人不会接受不义之财，更不会做不义之举，更何况神灵呢？至于泰山是否真的有神灵，孔圣人是没说的。

# （七）

## 【原文】

子曰："君子无所争。必也射乎！揖让而升，下而饮。其争也君子。"

## 【老刘说】

君子六艺为礼、乐、射、御、书、数。这一章是说射礼的君子之风。

《礼记·射义》："射者，仁之道也。射求正诸己，己正而后发，发而不中，则不怨胜己者，反求诸己而已矣。"又说："射者男子之事也，因而饰之以礼乐也。故事之尽礼乐而可数为，以立德行者，莫若射，故圣王务焉。"

由此可见，射礼不仅是一种技艺的练习与竞赛，更是把观盛德、司礼乐、正志行的教化蕴含其中。

古代射礼分为四种：一是大射，即天子诸侯卿大夫等，用大射形式筛选其治下善射之士，择而用之，属于选拔才俊范畴；二是宾射，即诸侯朝见天子或诸侯相会时举行的射礼，属于社交礼仪范畴；三是燕射，即宴饮之射，是平时燕息之日举行的射礼，属于娱乐社交休闲范畴；四是乡射，是地方官为荐贤举士而举行的射礼，乡射礼不仅是一种娱乐，还有敦化民俗的作用。射礼前后，常有宴饮，乡射礼也常与乡饮酒礼同时举行。

比赛肯定有输有赢，比试过后，胜者要为败者斟酒，败者要用大杯饮酒。古代射礼和现代地方搞运动会有些类似，运动会上往往有一个大条幅，上面写着"友谊第一，比赛第二"，即重点不是谁得第一谁得第二，而是引导风气，敦化民俗。如果把搞运动会这件事情仅仅理解成就是一个全民健身活动，就太肤浅了。

注意，中国射礼与西方竞技不同，射只是德行的载体，德行为本，射技为末，举行射礼时要彬彬有礼，进退之间要宽容和大度。

古代射礼程序：

1.备礼：做好举礼的各种准备工作。包括布置场地、组织参礼及观礼人员。弓箭等物资搬到西堂下陈设好。工作人员和射手在西堂下面向南列队站好。主人在场地外迎接宾客到来。

2.迎宾：宾至，主人迎上，相互行揖礼入场登堂而立。

3.开礼：司射自堂西取弓和箭，登堂先报告宾，宾应允之后，司射踏在阶上，向主人报告。

4.配耦：司射把六名射手，按照水平高低两两相配分成三组，分别称为上、次、下"三耦"，每耦有上射、下射各一名。

5.纳射器：司射命令射者取纳弓箭用具。司射下阶，面向西命射者"纳射器"。上耦两人各取弓一把，箭四支。

6.倚旌：司射命令获者（报靶人员）用旌旗为射手指示靶心的位置。

7.诱射：司射为众射手做示范。

礼节过程：由堂西行揖礼，然后前行，到阶下时，北面行揖礼。踏上阶，行揖礼，走上堂，行揖礼。先将左足踩到射位符号上，面朝西，再扭头向南，注视靶的中部，表示心志在射箭，然后俯身察看双足，调整步武，最后开弓射箭，直至将四支箭全部射完。在射完之后，报靶人员把箭取回，插到堂西的箭架上，然后返回原位。

8.一番射：第一轮射。一番射是习射，所以不管射中与否，都不计入成绩。上耦的两位射手上堂射击，按照司射的要求在射位做好射箭准备。待司射下令后，上射向司射行完礼射第一支箭，然后由下射射，如此轮流更替，直到将各自的四支箭射完。报靶者大声向堂上报告射箭的结果。接下来上耦下堂，次耦上堂，双方在西阶前交错时，相揖致意。次耦习射的仪式与上耦相同。最后，次耦下堂，下耦上堂。至此，司射上堂对宾行揖礼，禀告宾："三耦座射"（意思是三耦都已射毕），宾行揖礼还。

9.二番射：第二轮射。二番射是正式比赛，要根据射箭的成绩分出胜负。参加者除三耦之外，还有主人和宾。主人与宾配合为一耦，主人担任下射，以示谦敬。

首先由三耦比射。司射命令上耦开始射击。两位射手相互拱手行礼后上堂，工作人员就位，司射宣布开始，两位射手像一番射那样轮流开弓射箭。如果射中箭靶，负责计算成绩的工作人员就会记录成绩。

然后是由宾与主人配合而成的耦上堂比射。比射的程序以及计算中靶次数的方法，与先前一样。射箭完毕由记录成绩的人统计最后成绩并向宾报告。

最后是罚酒及献酒环节。司射命令三耦和主宾耦射手先后上堂，负方射手站着将罚酒喝完，再向胜方射手拱手行礼。司射酌酒向报靶者献酒，并到靶前的左、中、右三处致祭。司射酌酒向堂下释筹的有司献酒。二番射至此完成。

10.三番射：三番射的过程与二番射基本相同，只是比射时有音乐伴奏。三番射与二番射的程序相同，先由三耦比射，然后主宾耦比射。凡是应着鼓的节拍而射中靶心者得分，然后将比赛的结果禀告宾，最后三耦、宾、主人顺序上堂，负方射手喝罚酒。三番射至此结束。

11.旅酬：是射礼的余兴节目，参礼者相互敬酒或敬茶，敬饮之前需相互行揖礼，乐队循环奏乐以助兴。

12.送宾：宾起身告辞，走到西阶时，乐工奏乐。宾出场地，参礼者皆相随，主人在门外以再拜之礼相送。然后所有参礼人员相互行揖礼告别。最后，主人组织有关人员收拾器具、打扫卫生，等等。

"君子无所争"指君子应该谦卑自牧，不争强好胜。"必也射乎"指射箭是有胜负的，射礼之地是相争之地，即便在相争之地，君子也同样能保持气度。

"让"同"攘"，即相互举手行礼作揖，向对方表示敬意；"升"指比赛开始前同一组的两个人由台阶上堂；"下"指比赛结束后双方再登堂；"饮"指同一组的胜者和负者取酒对饮。"揖让而升，下而饮"即参加比赛的两个人由阶升堂时，要互相行礼致敬，先相互举手揖让，表示对对方的敬意。比赛结束，无论胜负如何，双方再次登堂彼此行礼致敬，取酒对饮。

中华文化中的君子是无所争的，一切都是按照合道循理的标准行于世间。胜出者不会得意忘形，战败者同样会坦然接受结果，不会甩脸子摔东西一副输不起的架势，这就是君子的风度，所以说"其争也君子"。

# （八）

【原文】

子夏问曰："'巧笑倩兮，美目盼兮，素以为绚兮。'何谓也？"子曰："绘事后素。"

曰："礼后乎？"子曰："起予者商也！始可与言《诗》已矣。"

## 【老刘说】

这章是说礼必有本，是从《诗经》的角度说的，这章可以和《学而篇》中第十五章彼此参照学习理解。

《诗经》是儒家"五经"之一，内容同样是"推天道以明人事"。文章是人写出来的，其内容皆是作者本心的投射，作者能达到居天道俯察人道的高度，所形诸笔墨的文字必然能承载这个高度的内涵，这就是文学真蕴所在。

儒家典籍中，孔子反复强调礼，礼的彰显必然会有上下之分，所以有后人攻击孔子是存心袒护当时的上位者，是站在统治者一边。这类人要么是心智不够，根本不知道自己说的是什么，要么是想哗众取宠谋取私利。说这话的人蠢和坏必居其一，也可能二者兼备。

礼之根本出自人心之仁，非礼违礼的事情都是从人心不仁开始的。礼是从社会全体的角度，让人发自内心地彰显公序良俗，稳定社会秩序。礼建立的稳定秩序如果被打乱，社会的一切常道就会被打破，结果往往是一番腥风血雨、生灵涂炭之后，才能重归常道，这是人类社会运转的常识。所以，孔子维护礼，本质上还是为整个社会考虑。

个人建议大家在学习儒家典籍的时候，同步看一下历史，特别是《资治通鉴》和《二十四史》这类可以镜鉴的历史书籍，这类书读的时候不要着急看完，每天看一点就行，日积月累就会客观地看待历史。一般看完两三个朝代的兴衰之后，基本就清楚为什么要礼乐治天下，为什么要建立常道，等等。对治世有了基本概念之后，才能真正理解儒家讲的修身、齐家、治国、平天下究竟在说什么。有了常识储备，就具备了最基本的分辨能力，不会轻易被胡说八道的东西忽悠。

比如很多历史常识不足的人把东汉灭亡归结于桓灵二帝的倒行逆施。这两位帝王的确有亲信宦官、卖官鬻爵、极力搜刮民脂民膏的行为，似乎是这些事情导致国家灭亡，殊不知这么看历史是完全本末倒置的，得出的结论必然是分不清因果的极其肤浅之见。东汉从建国开始，对外战争就没停止过，其中仅汉羌战争就断断续续进行了一百余年，而且战争区域由起初的边界地区逐渐蔓延到中心位置，甚至一度逼近首都；与北匈奴争夺西域的战争贯穿整个东汉时代，其间经历了三通三绝的曲折过程。长期养兵不断征战必然会导致中央财政破产，桓灵二帝又何尝不知卖官鬻爵、极力搜刮民脂民膏的行为无异于饮鸩止渴，但除此之外，又有什么更好的办法续命呢？多读历史就会懂得这些，也就能明白治世最怕的是积重难返，最后大厦倾覆之势已经形成，即便神仙临世也回天乏术，顶多是苟延残喘，改变不了最终倾覆的命运。

孔子的治世之道，不是立竿见影的，也无法力挽狂澜，但能最大限度地避免后遗症，属于"上医治未病"。

"巧笑倩兮，美目盼兮，素以为绚兮"的前两句"巧笑倩兮，美目盼兮"出自《诗经·卫风·硕人》，"素以为绚兮"这句是没有准确出处的，后人众说纷纭。

个人理解：《硕人》第二节共七句，"手如柔荑，肤如凝脂。领如蝤蛴，齿如瓠犀。螓首蛾眉，巧笑倩兮，美目盼兮"，分别描写美人的柔手、脂肤、蝤领、犀齿、螓首、蛾眉、巧笑和美目，这七句诗是连绵一贯的局部描写，合在一起才是对美人容貌的完整描绘。"素以为绚兮"实质上是对这七句的一个总结，乃画龙点睛之笔，恰与儒家心法相合。如此精妙传神之笔，极可能是针对第二节的即兴之作，有两种可能：一是前人对《硕人》诗作的评注，甚至有可能就是孔子对七句诗的总结评价，子夏未明其奥意而特别发问；二是子夏本人对前诗的总结升华。

"巧笑倩兮"的"巧"字，有"精致、聪明"的意思，"巧笑"指带有睿智的美好笑容，区别于没心没肺的傻笑、刻薄的讥笑、阴暗的奸笑、装模作样的皮笑肉不笑等；"倩"是形声字，由"人"和"青"二字构成，这里指"青春美好有活力"；"兮"为句尾助词，无实意。"巧笑倩兮"即美人充满青春活力饱含睿智的笑容。"美目盼兮"的"盼"字指眼睛中黑白分明，此处指在目光流转中，眼神生动有灵气，让人爱慕犹怜。"美目盼兮"即眼睛很漂亮，神采飞扬顾盼生姿。

"素以为绚兮"中的"以为"是"以之为"的省略形式，比如《后汉书·窦武传》："长女选入掖庭，桓帝以为贵人"，意思是桓帝把选入掖庭的窦家长女册封为贵人。"素以为绚兮"换个句式，即"素以之为绚兮"，"之"指前面的"巧笑倩兮，美目盼兮"。这样这句话就容易理解了。

"巧笑倩兮，美目盼兮，素以为绚兮"的"素"指不加装饰的天生丽质，"绚"指顾盼生姿的神采飞扬。《硕人》第二节描写美人"手如柔荑，肤如凝脂。领如蝤蛴，齿如瓠犀。螓首蛾眉"，皆是天生丽质，天成之美，不假胭脂粉黛，无须簪花冠饰，此正是素。"巧笑倩兮，美目盼兮"是在天生丽质的基础上神采飞扬。如果美人没有前五句描述的天生丽质作为基础，也就没有后面动人心魄的风华绝代了。

子夏领悟到七句诗的精神实质在于"素以为绚"，心中豁然开朗，进而向孔子求教其中更深远的道理，故问"何谓也？"孔子回答："绘事后素。"

《说文解字》说"绘，五采绣也"。"绘事"本意是有五彩图案的绣帛，广义指各种绘画等；"后"字指上下层次关系，就像盖房子三层下面是二层，二层下面是一层，一层下面是地基一样；"后素"指绘画首先需要下面有个载体来承载"绘事"；"绘事后素"就是要先有素帛，然后才能在上面通过绘画文饰等将其加工成五彩的绣帛，旨在说明绣帛以素帛为根本，再美丽的绘画没有素帛都是没办法彰显出来的。打个比方帮助理解，素帛相当于一张白纸，绣帛相当于在这张纸上画好的画。画师水平再高，如果没有画纸做载体，再好的绘画技能也是彰显不出来的。所以，对于画技彰显来说，这张白纸很重要。

子夏问"礼后（素）乎"，就是问："礼"也是以"素"为本吗？

在儒家体系中，"礼"后面的"素"就是忠信。子夏在孔子"绘事后素"的启发下，悟出人本性的忠信之质，发挥其用就是"礼"的彰显。忠信之人学礼，"礼"在忠信之人身上得以彰显，就像美丽的图案在素帛上更加鲜明一样。

实际上子夏表达的意思是说，"礼"只是"忠信"之用。就像盖房子一样，首先是把地基做扎实了，然后才是房子的修饰，如果把主要资源放在如何装饰房子上面，忽略地基的建设，地面上的房子再漂亮也是没办法长久的。

人的"忠信"就相当于地基，"礼"就相当于地面上的房子，做功夫的重点要放在地基上，而不是放在如何让房子更漂亮上，这是常识。"礼"只是人心中"忠信"的自然彰显，如果为了"礼"而"礼"的话，"礼"就会失去根本，只剩下一个徒有其表的形式，而失去了实际意义。

子夏说："礼后乎"，意思是说：老师你说得太对了，首先要有一块画布，才会有一幅美丽的画；再好的礼节礼仪设计，如果离开"忠信"这个根本，就是空中楼阁了，就没有任何意义了。

孔子对子夏的提问非常高兴，赞许子夏"起予者商也"。"起"是"启发、引动"的意思；"予"指孔子自己；"商"指子夏（卜商，字子夏），"起予者商也"即"启发我的人是子夏呀"。

圣人胸中虽然有很多道理，但没人问就不能借势发挥出来，所以《论语》中有"起予者商""回也非助我者也"等处。

举个例子帮助理解，你是个国宴厨师，有一道菜以前你做时是不放蚝油的，你也没想过放不放蚝油，今天突然一个学徒问这道菜加工的时候是否要放蚝油，这个问题就会启发你往这个方向深入思考，你以前不是不懂，只是没往这个方向想而已。

孔子说："始可与言《诗》已矣。"这句话是夸奖子夏，表示称赞子夏有水平，意思说："子夏，你现在的水平已经很高了，完全能看懂《诗经》了，以后我们师徒可以就《诗经》彼此交流印证了。"

# （九）

【原文】

子曰："夏礼，吾能言之，杞不足征也；殷礼，吾能言之，宋不足征也。文献不足故也。足，则吾能征之矣。"

## 【老刘说】

本章是孔子说明为何不传述夏和殷（商）的礼仪。圣人不是不能讲述夏和殷的礼仪，只是没有文献来证明自己的讲述。因此，不能讲述出来传给后世。

"礼"的真意是伦理秩序，虽然表现形式不同，但本质都是内心之仁的发用流行。比如君臣之礼是政治伦理的表述，君臣是以事为主的，只有上下职责清晰秩序和谐，才能达到治世运转的目的。

"礼"不是突然就有的，而是由历史传承而来，要想知道"礼"的真意和具体形式，就必须参考历史，告往知来，更要验证于当代。"礼"能沿袭不变的是内在之仁，"礼"的制度仪式等必然会与时俱进，始终在变化之中。

有一次在外面讲课，讲到"克己复礼"的时候，有人出来质疑说："礼恢复到以前，是不是要搞一夫多妻制？是不是又换成长袍纶巾？是不是……既然你觉得老祖宗好，咋不回到刀耕火种时代呢？干吗还用手机、电脑呢？"

面对这种人，我基本都是面带微笑地说："我讲的内容只是代表在我的意识世界里被印证过是正确的，不代表是放之四海而皆准的真理。所以您说的也蛮有道理，值得深入思考。"听到我这样回答，对方一般就不会继续歪缠，一副扬扬得意状坐下。

这类人的逻辑是，皮鞋是牛皮做的，既然你觉得用牛皮明显比光脚好，说明你认同牛的模式比人的模式好，要向牛学习就全盘照搬，所以，你干吗不去学牛吃草呢？现实中这类人也不少，比如他们会持这样一种逻辑：电脑、手机都是外国人发明的，你用外国人发明的东西就是不爱国。和这类人辩论约等于浪费生命，智者不为也。

裁成辅相，意思是要懂得量体裁衣、取我所用的道理，而不是囫囵吞枣、照单全收。人是万灵之长，是驭万物为我所用，"用"就已经有取舍的意思了。譬如穿衣服这件事情，人不能披块布就上街，是要按照自己的体型、性别等要素，把布裁剪成合体的衣服，才能穿出去，这是最基本的常识。

不知其然偏偏要论其所以然的人很多，对这类人来说，心智不全是硬伤，和这类人掰开了揉碎了去讲儒家的体系，纯粹是浪费时间和生命，毫无意义。"复礼"恢复的是"礼"形而上的部分，形而下部分的具体表现形式是与时俱进的，是随着时代变化而不断变化的。也就是说"复礼"是把人内在之仁导正并且彰显出来，不是把原来的服装、仪式等恢复过来，简单粗暴地把"复礼"理解成放弃一切现代化，退化成几千年以前的模式，就是贻笑大方了。

"礼"必须是内外统一的，只知道真意而没有仪式承载，就无法落实到具体的社会生活中去；空有仪式而没有真意，就无法真正彰显伦理秩序。所以，学礼当求知求证，有理有据，得真得实。

这一章里边涉及杞国和宋国，简单介绍一下。周武王统一中国之后，并不是只封自己家里的人，尧、舜、禹、汤的后代都被封了诸侯，夏朝的后代封在杞国，殷商的后代封在宋国。按照《春秋》的记载，杞国向上行文的时候，最初称侯，后来称伯，再后来自称子。古代爵位高低是按照"公侯伯子男"排序的，在诸侯国时代，爵位高低决定了赋税纳贡的多少，就像现在的行政区划一样，市一级的税负要比县的高，县的要比镇的高。杞国的发展情况越来越差，为了减低税负就主动降低自己的爵位，前期发展好的时候按照侯爵的标准赋税纳贡，后面实在撑不住了，就主动降级，按照子爵赋税纳贡。杞国发展越来越差，又怎么可能有实力保住自己的文化历史呢？

从杞国和宋国不能保留祖宗文化来说，任何一个民族的后代子孙，如果不重视自己的文化历史，就是自我毁灭的开始。一个民族暂时被外族征服占领了，只要文化不亡，民族还不会消亡。因为盛极必衰，外敌不会千秋万代一直强盛下去，等到一天外敌衰弱下去，本民族还能再崛起。而一个民族如果文化完了，真的就彻底亡族灭种了。

"夏礼，吾能言之，杞不足征也"的"征"字通"证据"的"证"，是"佐证、证据"的意思。这句的意思是夏朝的"礼"孔子能说明白，但没办法被证明，因为夏朝的后裔所在之杞国没办法提供足够翔实的佐证；同样，"殷礼，吾能言之，宋不足征也"即殷商的"礼"孔子也能说明白，但殷商的后裔所在之宋国同样没办法提供足够翔实的佐证。

"文献"二字和现在理解的"文献"不是一回事，在这里"文献"的"文"指各种典籍档案等，"献"指熟知情况的贤人。"文献不足故"即既没有足够的物证，也没有真正清楚情况的人来证明，夏礼和殷礼的原貌就没办法被证实了。

"足，则吾能征之矣"，即如果有翔实的人证物证，夏礼和殷礼的原貌就可以被证实，夏殷两朝的"礼"不能被证实，也就不再实用了，只能作为后代创制礼法的参考。

本章可以参考《为政篇》"殷因于夏礼"章学习。

# （十）

## 【原文】

子曰："禘自既灌而往者，吾不欲观之矣。"

## 【老刘说】

"禘"是周制祭祀的一种，一般有两种情况：一种是旧天子驾崩，继位的新天子把去世的天子神主（灵牌）入庙，这个时候必须先大祭于太庙，上自始祖，下及历代之祖都要祭祀，这种祭祀也叫吉禘；另一种是每五年一次的常规禘祭，是常规祭祀中非常隆重的，也是在太庙合祭。本章说的禘礼应该是指五年一次的常规禘祭。

古代在太庙的祭祀仪式十分复杂，主祭之人先要散斋七日，清净饮食仪容声色，之后致斋三日，住净室食素焚香沐浴，之后才开始祭祀。祭祀时先迎神主入庙，主祭人洗手。洗手时主祭人把手伸到水盆上方，由侍从用特制的水壶盛水从水盆上方浇下，这叫"盥"。然后主祭人酌酒浇在茅草上，象征献给神主享用，这叫"灌"。之后按照"三献而荐腥，五献而荐熟"的规矩献上祭品，这叫"荐"。

孔子不想参加鲁国禘祭，又不好直说，因为"灌"是在献祭品之前，尚是行祭礼之初，孔子说："对于这次禘礼，'灌'仪式之后我就不想再看下去了"，等于是说"我不想观礼"。就像看演出一样，只是到剧场看看序幕，报幕之前就走了。你说我没去吧，我明明到场了；你说我去了吧，报幕之后才算正式开始，报幕之前我就走了。

鲁国禘礼，孔子为什么不想观礼呢？有三种解释：

第一，《大学》云："物有本末，事有终始。知所先后，则近道矣。"譬如到别人家里做客，问好的顺序一定先从辈分最大的人开始，老太爷在世一定先给老太爷问好，同一辈按照排序依次行礼问好，不按顺序乱来显然是失礼的，会被别人笑话的。

宗庙中神主（灵牌）的排列次序是非常严格的，该在什么位置就在什么位置，始祖神主放在正中，以下父子（祖、父）次第排序，递为昭穆（左为昭，右为穆）。祭祀时，子孙也是按这个次序行礼的。禘礼重在审谛昭穆次序，然而鲁国的禘礼是失序非礼的。孔子是"非礼勿视"的，所以不想去观礼。

鲁国禘礼失序非礼指的是僖公与闵公神主的排序不对，这里涉及四个国君：

鲁庄公姬同在位32年（公元前693年—公元前662年）；

鲁闵公姬启在位2年（公元前661年—公元前660年），鲁庄公儿子；

鲁僖公姬申在位33年（公元前659年—公元前627年），鲁庄公儿子/鲁闵公的哥哥；

鲁文公姬兴在位18年（公元前626年—公元前609年），鲁僖公儿子/鲁庄公孙子。

鲁僖公和鲁闵公都是鲁庄公的儿子，僖公是哥哥，闵公是弟弟，庄公去世后，弟弟先接班，这个阶段弟弟为君哥哥为臣，两年后弟弟去世，哥哥继位为君，哥哥去世后，哥哥的儿子继位。列神主的正常顺序应该是爹—弟弟—哥哥，这是合情合理的。担任宗伯的夏父弗忌为了拍现任君王鲁文公的马屁，就把鲁文公爹的神主插队到前面了，这显然是失序非礼的逆祀。

从治国角度来说，礼主序，礼能齐整，秩序自然就是明晰的，国家就会井井有条，公序良俗得以彰显，国乃可治；失序非礼的逆祀是祸乱生发的根源，所以孔子对此的态度是"非礼勿视"，所以不欲观之。

第二，按照《周易·易经上·观》的卦辞："观。盥而不荐。有孚颙（yóng）若。"

"盥"是在祭祀大典开始之前，属于序幕阶段，是诚意含而未发阶段；"荐"是祭祀大典的中间环节，是诚意已经发出来让观众都能看见的阶段。说"不荐"两个字，是表示在整个祭祀大典的过程中，诚意要像初始阶段一样常在，有"不忘初心，贯穿始终"的意思在其中。

古代禘礼是国家的大典，绝对不可马虎，重点是君王敬天畏地的诚意，而不是看热闹。民众看到君王发自内心的诚意，才会真正被感动，教化才会有效果。看热闹看完就完了，对教化没什么实际意义。

鲁国的君臣，在"灌"的时候，诚意未散，还能看看，"灌"的环节结束后就开始懈怠，属于只走形式不走心，就没什么可观的了。就像现在有些人参加葬礼一样，打车去殡仪馆签个名三鞠躬放下二百块钱就闪人，完全没有一点肃庄悲戚之感。

我们的文化中，事事都要反身以诚，外在的形式只有基于内心的诚恳才有意义。

第三，禘礼原来是天子的祭祀范畴，诸侯是没有资格举行禘礼的，鲁国可以举行禘礼是特例，周天子赐予鲁国可以在周公庙举行禘礼，但后来鲁国禘礼没有在周天子指定的周公庙举行，而是在群公之庙举行，这种行为属于违规僭越了，所以孔子不欲观礼。"灌"这个环节在正式禘礼开始之前，所以孔子说："禘自既灌而往者，吾不欲观之矣"。

这三种说法都有道理，对于普通人来说，我们学习先秦儒家典籍的目的是提高自己的心性水平，进而提高自己的生命质量，不是为了写论文评职称，选择其中有益的吸收就可以了。刻意钻牛角尖非要证明哪个更正确，实际没多大意义，把时间和精力用在争论"关公战秦琼"谁更厉害上，本身就是浪费生命的蠢行。

# （十一）

## 【原文】

或问禘之说。子曰："不知也；知其说者之于天下也，其如示诸斯乎！"指其掌。

## 【老刘说】

孔子主张以礼治天下，治世者学礼要知道礼的意义所在，并能将其用好。本章是讲禘祭之礼的深远意义。《中庸》中的"明乎郊社之礼、禘尝之义，治国其如示诸掌乎"，可以与本章参照理解。

本章承接上一章，"或问"即"有人问"。有人问关于禘礼的事情，孔子不认可鲁国的禘礼，又不便明说，所以圣人说的"不知也"并不是真的不知道，而是明说犯忌，只能推诿不深说。"天下"在这里指治理天下的道理，不是指治理天下的具体操作；"示"是"指示、把事物摆出来或指出来让人看到"。孔子先说不知道，然后又指着自己的手掌说："真正知道禘礼道理和意义的人对于治理天下道理的了解，就像了解它一样。"

指手掌有两层意思：第一，通此理之后，天下事如同在手掌上一样一目了然；第二，通此理之后，治理天下如掌中物一样可以把控。

学礼要知道礼的完整意义，这样才能真正地用礼。孔子说懂得了谛礼，对治天下就了如指掌了，该怎么理解呢？

《礼记·祭统》云："凡治人之道，莫急于礼。礼有五经，莫重于祭。"又云："祭者，教之本也。"礼乐教化以祭礼为本。禘作为重大祭礼，是有足够代表性的。

禘礼的意义和作用有三点：

第一，治世的伦理秩序。《礼记·祭统》云："夫祭有十伦焉：见事鬼神之道焉，见君臣之义焉，见父子之伦焉，见贵贱之等焉，见亲疏之杀（等差的意思）焉，见爵赏之施焉，见夫妇之别焉，见政事之均焉，见长幼之序焉，见上下之际焉。此之谓十伦。"祭礼十伦基本涵括了治世伦理观念和家族伦理观念。十伦之中，"夫妇""父子""长幼""君臣"为最基本的人伦，其余则是在此基础上衍生出来的。禘礼作为祭礼的代表，意义在于确立了人世间合道循理的现实秩序。伦理秩序稳定和谐，国家自然安定太平。

第二，上下的修德养心。朱熹在《论语集注》中说："先王报本追远之意，莫深于禘。非仁孝诚敬之至，不足以与此。"作为主祭人的君王，必须具备"报本反始"的仁孝之心、诚敬之德，才能做好禘礼这件事。所以《礼记·祭统》说："敬尽然后可以事神明，此祭之道也。"因此禘礼对君王的修身意义非常大。

禘祭之礼隆重宏大，庄重之至，对民众的教化意义非常大。君王以身作则，就能"使民敬、忠以劝"，推而广之，结果就是社会和谐国家太平。

作为最上面的君王，要有君王的样子，君王能以己正人，下面的人就都能正了；如果做君王的没有君王的样子，就会"上梁不正下梁歪，中梁不正倒下来"。禘礼是全国民众观君王的时机，也是君王把自己彰显出来的时机，所以禘礼对君王是非常重要的。

第三，知天下大势。禘礼是在天下大定之后的祭祀，禘礼中作为主祭人的君王，要向神明和先祖述职，内容包括天下大势、九州物产，四方民情、君臣之序、诸侯政治得失等，要论证自己为政的功绩，常见的就是富民强国、政通人和、礼乐文明、天下太平这些。一次禘礼就是一次君王治国的述职和展望，汇报对象是神明和先祖，显然要做足功课，不能随便糊弄。所以，禘礼对君王盘点当下，保持清醒头脑，制定未来的路线方针政策，是具有重大且深远意义的。

以礼治天下和以孝治天下是有区别的，秦汉之后，主张以孝治天下的比较多，殊不知如果孝而违礼，最后也会陷入不仁，不仁则不足以为孝。礼是天理在世间的彰显，合道循理是符合大众心中的正义尺度的，也就是老百姓常说的：天大的事情抬不过一个"理"字。而"孝"侧重于家庭内部关系，相对"礼"来说要小一些。所以，北宋英宗的濮议之争，明朝的大礼仪之争，对国运的影响都是非常深远的，本质上都是孝而不仁导致的。

中华文化中的祭祀，是"祖宗虽远，祭祀不可不诚"的诚敬精神体现。传承中华文化，使后代知道源远流长的民族传统，是我们每一个人的责任。

# （十二）

## 【原文】

祭如在，祭神如神在。子曰："吾不与祭，如不祭。"

## 【老刘说】

本章是论用礼当致其诚敬、行其笃实，重点是在实际生活中落实。

"祭如在"的"祭"指祭祀先祖；"祭神"指祭祀外神，也就是天地、山川、社稷、五祀之神等。祭祀先祖主孝，祭祀神明主敬，虽然孝、敬不同，但"如在"之心是一样的，这个"如在"之心就是"诚"。

孔子祭祀祖先的时候孝心纯笃，虽然逝者已远，亦能做到如逝者在面前一般，祭祀时竭尽自心之诚。祭祀外神的时候，虽然神明若有若无，圣人亦能尽其诚敬，俨然如神明就在眼前一样。孔子平常不说鬼神有无，临祭时必诚必敬，鬼神如其他外物一样，只是内心的投影，能做到"如在"二字，就是至诚的表现。

"吾不与祭，如不祭"意思是祭祀这件事，如果我不能亲力亲为，和没去祭祀是一样的。

祭祀的本质是"有其诚则有其神，无其诚则无其神"，"诚"是根本，具体的仪式只是"诚"的载体。如果让别人代替自己去祭祀，就算自己有敬畏之诚，别人在仪式上也能做得尽善尽美，但自己不能亲临，终究是心有欠缺，诚意无法饱满，最终也就失去了祭祀的真意。

孔子论学都是从人心实感处具体指点，而非凭空发论。用世中，无论对人对事，都要有这种"如在"之心，否则就会表里不一。

# （十三）

## 【原文】

王孙贾问曰："与其媚于奥，宁媚于灶，何谓也？"子曰："不然；获罪于天，无所祷也。"

## 【老刘说】

本章是说君子应该法天则地，内求于心，不应该求媚于人。

孔子在卫国时，颇受卫灵公尊敬，卫灵公夫人南子是个有见识的女人，几次召见孔子，想借用孔子的名气和才能壮大自己的声势。王孙贾（gǔ）当时是卫国大夫，有一定实权，属于卑陋之人，觉得自己能执掌国政，有推举孔子做官的能力，就以小人之心度君子之腹，想当然地认为孔子来卫是为了求官，所以向孔子暗示自己是管事的人，对于求官这件事情自己是有话语权的。

"与其媚于奥，宁媚于灶"是当时的一句俗语。"媚"是"逢迎取悦、谄媚讨好"的意思，"谄媚"的"谄"侧重于言语讨好，"媚"侧重于行为讨好，"谄媚"和"巧言令色"的意思差不多。"于"是介词，指向动作或者行为的对象，相当于"向对、对于"。

"奥"指居于室中西南隅的中雷神，"灶"指灶神。按照郑玄注《礼记注疏》"中霤主堂室居处""灶主饮食之事"，霤神的地位比灶神高，但灶神主管饮食，有实权。

在王孙贾的话里，"奥"和"灶"各有所指，"奥"指卫国君王的近臣，"灶"指在外朝执政的人，即以"奥"比喻南子，以"灶"比喻自己。"与其媚于奥，宁媚于灶"约等于"县官不如现管"。王孙贾的意思是告诉孔子：你求南子，不如求我王孙贾。南子虽然地位很高，但不执政无权柄，我虽然地位不如南子，但执掌权柄，可以"现管"，你想把事情办成，还是需要给我们这些能"现管"的人烧烧香的。这句"何谓也"是明知故问。王孙贾这么说，显然是觉得别人和他想的一样，想当然地替孔子做谋划。

"然"是"如此"的意思，"不然"表示明确拒绝，孔子的意思是说："你王孙贾说的是市侩功利规则，这些手法我全知道，但我追求的不是这些东西，因此不屑于此。"

"获罪于天"的"天"指天理，事事物物的运行规律皆在天理的大规则里，事物的运行规律就是所谓的事理。《周易·易经下·革》说"顺乎天而应乎人"，就是指天理在人类社会的运行。"获罪于天"指圣人能居天道治人道，行止语默皆不可违背天理，更不能为求小利而违理求媚。

"无所祷也"的"祷"是"祈神求福"的意思。"无所祷也"指如果违背天理而行，不但不能自天佑之，反而会被天道反噬，招祸上身。由此可见，人应该顺理以事天，不可违理而行，孔子此言谦逊而从容不迫，正直而不谄媚，世间心存祷祀求福的人，可以以此为鉴。

在前文中，孔子说："巧言令色，鲜矣仁。""非其鬼而祭之，谄也。"无论是"媚于奥"，还是"媚于灶"，都是谄媚求福，本质上是图谋一己私欲，企图获得非分之好处，这么做不合天理、违于仁德、背于事理，为礼非礼。祭祀是为了弭灾、求福、报谢。合理地恭敬行礼，自然会自天佑之，吉无不利。而背离天理而行的谄媚求福，难免反招其祸。

# （十四）

## 【原文】

子曰："周监于二代，郁郁乎文哉！吾从周。"

## 【老刘说】

"监"在这里通"鉴"，是"借鉴、以……为鉴"的意思；"二代"指夏朝和殷商，儒家典籍里说的"三代"是指夏、商、周。夏、商、周不仅是王朝的变革，同时也是文化精神的变革，三代文明各有特点。夏道尊命，殷人尊神，周人尊礼，夏朝的核心观念是尊崇天命，殷商的观念是尊崇鬼神，周朝的观念是尊崇礼法，三代的治国原则各有不同，文化观念的变迁清晰可见，礼的表现形式也是同步变化的，周礼是在前两代的经验基础上，加以改进和完善而形成的。

关于"质"与"文"简单说一下。《论语·雍也》说"质胜文则野，文胜质则史。文质彬彬，然后君子"，"质"即本质，"文"即文饰。礼的内容和形式，就是质与文的关系，二者相当于月饼和月饼包装盒的关系，月饼对应"质"，包装盒对应"文"，没有包装盒的月饼怎么看都像"三无产品"，是上不了台面的；但十块钱的月饼配个一千块钱的包装盒，显然是过度包装了，所以月饼和包装盒之间要有一个适中的度才可以。对一个人来说，如果过分强调质朴，难免会举止粗鄙；而过分强调仪式，难免会流于虚伪。这个地方可以结合《周易》贲卦理解。

夏朝的礼侧重于本质，殷商的礼侧重于外在形式，周朝的礼是二者并重。"周监于二代"是说周朝所建立的文化是集上古之大成，今天的中国文化，本质上是周文化的延展。"郁郁"是形容词，表示非常茂盛，比如成语郁郁葱葱；"郁郁乎文哉"指周礼能兼收并蓄，承先启后，"文"和"质"比较平衡，符合中庸之道。所以孔子说"吾从周"。

礼是天理流行的具体彰显，只要真正懂得礼的本质，就不至于教条化，现在社会的礼仪风俗等依然要立足于根本不变，具体制定要因时制宜，符合时代的特点和需要，文质并重。

# （十五）

## 【原文】

子入太庙，每事问。或曰："孰谓鄹人之子知礼乎？入太庙，每事问。"子闻之，曰："是礼也。"

## 【老刘说】

"太庙"指鲁国的周公庙，西周初年周公辅佐天子周成王东征灭掉了伙同武庚叛乱的奄国，受封于奄国故土。由于周公要留在镐京辅佐周成王，于是让自己的长子伯禽代为赴任，沿用周公初封地"鲁"称号建立鲁国，定都曲阜。周公相当于鲁国的奠基人，太庙祭祀是代表国家、代表王室的宗庙大典。当时孔子很年轻，刚参加工作，职位是太庙助祭，所以有资格出入太庙。

"每事问"指孔子对祭祀的每件事都要仔细询问，知之者求其确切，不知者求其然以及所以然。太庙中陈设的器数，如笾豆、玉帛之类，周旋的仪节，如酌献酬酢之类，问得非常详细，就像自己什么都不知道一样。有人看到他在太庙的行为就评价说："谁说鄹人的儿子知道礼呢？名不副实呀，进入太庙什么也不懂，每件事都要仔细询问。"

"鄹（zōu）"通"邹"，是一个地名，鲁国的一个小邑，孔子的父亲叔梁纥曾经做过鄹邑大夫，孔子出生在鄹邑。"鄹人之子"相当于"鄹人家的那个小子"，这么说有两层意思，一是指孔子太年轻，徒有虚名；二是表达了说这话的人心中有轻视之意。孔子进太庙上班之前，先有知礼之名，而对于太庙中种种礼器仪文好像都不知道一样，难免被人质疑和轻视。

这话后来被孔子听到了，孔子说："在太庙里这么做，就是礼啊！"

"礼主敬"，心有敬畏是行礼之本，越是敬畏越要谨慎，要有如履薄冰如临深

121

渊般的谨慎常在。太庙里举行的祭祀，都是国之大祭，必然会有知之不确或者不能尽知的地方，正式祭祀的时候端庄肃穆，是不容许交头接耳的，所以在演习祭祀礼仪的环节，要做到对每件事都真正清楚明了，这样才能保证在正式祭祀大典的时候不出任何差错。用礼必须心存敬畏而谨慎行之，否则就是失礼。

一般人认为知道了就不必问，问就是表示不知道，根本不知道行礼的根本在诚敬，越是重大之礼越当敬谨，若稍有差池便是失礼。孔子的"每事问"正是"礼"的体现，"每事问"问的内容包括人、器皿和程序规则等。对人重点是个人情况、长处短处等；对器皿重点是应用范围、可替代性、新旧程度等；对程序规则重点是知所先后。

这就像开车一样，如果对一辆车的性能非常熟悉，碰到突发情况，就比较容易处理；如果开别人的车，对车的性能不熟悉，碰到同样的事情，就没那么容易处理了。

祭祀是大型活动，谁也不敢保证活动进行的时候不发生意外情况，要想保证活动顺利成功，心中必须有应变的预案在。能真正做到对人员、器皿等完全心里有数，正式活动中发生任何意外情况都能有应对的补救方案，活动的顺利圆满就有了充分的保障。这就是心有敬畏的体现。

本章有两层含义：第一，要知其然，更要知其所以然，既要知道礼能摸得着看得见的一面，更要知晓背后摸不着看不见的真意，知礼知理，学礼当如此；第二，用礼要把诚敬放在前面，只有如此方能谨慎笃行。

# （十六）

**【原文】**

子曰："射不主皮，为力不同科，古之道也。"

**【老刘说】**

"射"指射箭，古代射箭有两种情况，一种是用于军事方面的军射；另一种是君子六艺的射礼。本章内容主要是针对射礼来说的。

古时候射箭要先设立个靶子，材质是皮或者革，称为侯，所以射礼也称为射侯之礼，而军射是以杀伤敌方有生力量为主要目的，首先强调箭矢的贯穿性，特别是对敌方防护用具的贯穿能力，然后才是准确性，所以军射是尚力不尚德的，而射礼的目的是观德，不强调贯穿能力。

看到这个地方有人会有疑问，军事战争应该更加强调射击的准确性，才能更好地杀伤敌方的有生力量，说军射首先强调贯穿性，是不是说错了？

古代战争常以军阵对垒的形式展开，军队装备弓箭数量非常大，唐代《太白阴经·器械篇》中记载：弓一万二千五百张，弦三万七千五百条，箭三十七万五千支。

在冷兵器作战中，弓箭在战场上的主要作用不是"杀敌"，而是压制、阻敌以及伤敌等。譬如在两军对垒的野战中，游牧民族往往聚集弓箭骑兵猛冲一侧，采取弓箭漫射的方式攻击对方军阵某一点，一旦这一点被击破，轻骑兵就会从这个点突入，攻击纵深和卷击两侧扩大战果，直至对方全线崩溃。野战中真正死于箭矢的士兵其实很少，大部分的士兵伤亡都是溃败逃命的时候被敌军从后掩杀造成的。在其他战场形势中，比如敌人进攻的时候，弓箭漫射是一种适用于敌方远距离迟滞时，为打乱其进攻阵形所采取的作战方式；攻防城战斗中，弓箭的主要作用是压制对方火力、掩护己方士兵等。由此可见，弓箭在军事应用中，对贯穿性的要求是大于准确性的。

"射不主皮"的"皮"指贯穿，射箭相当于现代的打靶，打靶当然要以是否射中靶心作为评价标准，射礼属于礼乐的范畴，主要目的是观德，而不是杀伤，参加射礼的射手对内要端正心志做到不偏不倚，对外要直体合礼乐无过无不及，在这个基础上射中靶心才算是内外兼修，所以射礼主中不主穿，尚德不尚力。

"为力不同科"的"科"本义为"区分""程度""类别"，引申指通过某种衡量标准区分出类别、等级等。人的力量强弱不同，有的人力气大一些，有的人力气小一些，所以射礼只考量是否射中，不考量是否贯穿靶心。孔子这么说，不是因为他厌恶贯靶之射，而是强调尚德不尚力，所以后面说"古之道也"。

孔子叹息的"古之道也"是指"武王克商，散军郊射，而贯革之射息"。武王伐纣胜利之后还师西归，在镐京举行盛大典礼，正式宣告周朝的建立。治世之道尚德而不尚力，孔子所处的时代礼崩乐坏，仁德消而仁政失，列国穷兵黩武、征伐杀戮，不再崇尚礼乐治世，反而崇尚武力强大，射箭从周朝作为礼乐的载体，变成了现在用于彰显武力、以贯穿为目的武射，这显然不是古时的仁道所在。

本章从用世的角度来说，在应对具体事情的时候，要先扪心自问应对是否合道循理，而不是把苛求事功成就当成首要目的。

# （十七）

**【原文】**

子贡欲去告朔之饩羊。子曰："赐也！尔爱其羊，我爱其礼。"

**【老刘说】**

"告朔"是周礼，每个农历月的初一为朔，十五为望。周天子作为上天在人世间治世的代理人，年终岁尾也需要向上天述职和制订下一年工作计划，计划详细到下一年每个月的具体政事，周天子把政令计划编订成册，定成政令书（古注称为朔政，亦称月令书）。

在每年冬季的最后一个月（农历十二月）颁发政令书，诸侯接到政令书之后将其存放在太庙，自新年一月起，每月朔日，也就是每月初一，到太庙举行祭祀仪式，告朔的祭品是"饩羊"。同一种祭品处理方式不同，用于祭祀时的称呼是不一样的。诸侯当众宣读月令书的内容，然后按照计划执行当月的政务。周天子每个朔日也举行祭祀仪式，区别在于天子告朔在明堂，祭祀用牛；诸侯告朔在太庙，祭祀用羊。《论语》所说的是后一种。

《春秋》记载，鲁文公六年，闰月不告朔，鲁文公十六年，又因疾病，有四次不视朔。鲁文公以后，鲁君告朔之礼，逐渐由旷而废。后来鲁君虽不告朔，但每月初一，仍由有司送一只饩羊供奉太庙。子贡认为，告朔之礼既然不举行，又何必供奉呢？于是打算停止供奉鲁国告朔之礼所用的饩羊。

这就相当于——一个公司，以前总经理每月第一天都要开个月度例会，总结一下上个月的工作，布置一下本月工作，结果总经理越来越怠惰，月度例会拖成了季度例会，季度例会拖成了年度例会，最后干脆就不开这种工作会了。但负责例会事宜的工作人员还是要提前布置好会议室，等总经理来开会。子贡作为负责本项事务的人，觉得既然月度例会已经不举行了，就没必要再派人按时布置会议室了。

"尔爱其羊，我爱其礼"的"爱"在这里是"爱惜"的意思，"尔爱其羊，我爱其礼"直译为"你爱惜的是那只羊，我爱惜的是那个礼"。子贡认为，既然告朔之礼不举行了，每个月还要宰一只羊作为祭品，实在是浪费。孔子认为，虽然告朔之礼有名无实，但每月初一还有供奉饩羊的行为，别人至少还知道有告朔之礼这么一回事，如果供奉饩羊的行为也没有了，时间稍微长一些，后人就会忘记还有告朔之礼这么一回事，那样岂不更可惜吗？

孔子不是不让节用，而是很清楚礼要有一定的仪式作为载体才能得以彰显，否则就是空中楼阁了。与羊的耗费相比，告朔之礼的名存实亡，更值得惋惜。鲁国当时外有诸侯争霸，本身弱小常受欺凌；内有三桓争雄，强枝弱干，君令不行，内耗严重。鲁国的内忧外患，主要是失"礼"少"德"的怠政导致的，孔子深知告朔之礼荒废必然导致政务更加荒怠，祸乱必然由此生发，所以如此叹息。

从用世的角度来说，任何空洞的精神都是没办法持久的，必须要有可以维系的载体才可以长久。

# （十八）

**【原文】**

子曰："事君尽礼，人以为谄也。"

**【老刘说】**

儒家讲五伦关系，也就是父子有亲、君臣有义、夫妇有别、长幼有序、朋友有信。君臣有义的"义"侧重指行为合宜，也就是做君王要有做君王的样子，做臣下要有做臣下的样子，这才是一个健康的上下关系状态。当时的鲁国君弱臣强，三桓权臣对国君傲慢无礼，经常僭越天子礼乐，国人习以为常，反而把那些对君王坚守自己本分、在礼节礼仪上守规矩的行为，当成谄媚。

举个例子，一个单位以前风气好，当领导有当领导的样子，当下属有当下属的样子，大家进领导办公室都要先敲门。后来的领导德不配位或者能力不行，威信越来越差，下属逐渐开始轻视领导，大家进领导办公室都是推门就进，时间长了大家都习以为常了。现在有个人坚持进领导办公室要先敲门，这本来理应如此，但在不敲门的大家眼里，这个人就是异类，敲门这个正常行为就变成了拍领导马屁的谄媚行为。

同样是事君，君子和小人是不同的。君子事君，礼节虽然完备，但其中没有阿谀奉承的成分，一心只是做好自己的本分，做到公心无私合道循理，这是真尽礼。小人事君，各种礼节虽然能做到面面俱到，但心未必忠实，所作所为只是要获得君上的恩宠，保全自家的官爵，这是真谄媚。君子与小人的区别在心术正邪，从动机可以推测出行为，但不能从行为反推动机，治世者不可不察。

从用世的角度来说，如果一个团队里风气不正，一个人坚守本分就会被看成异类。在道德标准比较低的环境里，能做好本分，做到道德达标的人，被质疑和泼污水是在所难免的。但做人参照的标准是自己内心的良知尺度，不是别人的嘴巴，应对人情事变的具体行为只是反求诸己的彰显，只看自己内心真正的诚与不诚，这是人生所安之处。

# （十九）

## 【原文】

定公问："君使臣，臣事君，如之何？"孔子对曰："君使臣以礼，臣事君以忠。"

## 【老刘说】

鲁定公是鲁昭公的弟弟，鲁哀公的父亲，定是谥号。当时鲁国君王威信不足，鲁定公在位的时候臣下对君王轻慢失礼，不太拿自己的君王当回事，鲁定公对此很忧烦，于是请教孔子。

"使"字本义为"派人做事，差遣，指派"，这显然是以上临下的角度，鲁定公说"君使臣"已经有个先入为主的"宽以待己，严以律人"的意思在，而不是把尽己之心放在前面。

鲁定公说"君使臣，臣事君"，要表达的意思是，作为君王怎么做才能达到顺畅驾驭臣下，让臣下自发地尽心事奉君上呢？

孔子回答说："礼虽有上下之分，但双方都要遵守自己的边界，上位者能以礼相待，下位者自然能恪尽职守。君王对待臣下要给予足够的尊重，不能轻慢无礼，只有这样臣下做事才会竭尽己心不欺罔。"孔子这么回答是对鲁定公的告诫。

我们的文化是"一阴一阳之谓道"，父慈子孝、兄友弟恭、君仁臣忠，都是成对讲的，道理不能只说一面，只强调一面道理就会偏离大道。譬如公交车上让座，年轻人在公交车上碰到年纪大腿脚不灵便的人，要不要让座呢？显然是要让的，这是毋庸置疑的。对等来说，被让座的老人应该知道别人给自己让座并非理所应当，而是基于恻隐之心，自己应该说声谢谢，这才是和谐社会。如果有人站在道德制高点说："给老人让座就是对的！"这就是只强调一面道理的偏道。站在道德制高点，刻意拔高道德标准的论断是无法让人从道德层面反驳的。一旦把给老人让座当成必须执行的法则，甚至开始立法，一定会跳出一批为老不尊的老人在公交车上叫嚣"不给让座就报警抓人"，这样的结果不但不能让社会更和谐，反而会导致戾气丛生。

如果从两面讲道理，让年轻人明白主动让座不是为了别人说声谢谢，而是因为自己的恻隐之心；让老人明白年轻人上班也很累，并没有主动让座的义务，所以人家给你让座，你要发自内心地说声谢谢，这样整个社会风气才是健康和谐温暖的。

为人君者地位高高在上，很容易心有怠惰而导致简慢忽略，所以人君对待臣下必须以礼相待，不能一副鼻孔朝天颐指气使的架势，否则下位者得不到最基本的尊重，又怎么可能尽心尽力呢？

天下事，再难，想象起来也是容易的；再容易，做起来也是千难万难的。世上人，再蠢，指责别人时也是轻而易举的；再聪明，做起事来也是笨手笨脚的。这其中的道理，就在于想象是不需要什么资源的，在想象中应有尽有。而具体做事，不要说资源，单是从何处入手，就让这世上大多数人退缩。

为人臣者处于以下事上的位置，要面对具体事务。正因为具体事情说起来容易做起来难，对于具体事情没人有百分之百一定能做好的把握，所以做事免不了会有承担责任的风险，臣下做事很容易有趋利避害的心态，进而产生欺罔隐蔽之心。

五伦关系中，只有君臣关系是以事为主的，所以君臣关系要以把天下治理好为目的。君尽君道，并不是要刻意讨好臣下，或者和臣下有什么特殊关系，而是循理而行；臣下鞠躬尽瘁尽忠无私并不是要讨好君王，只是致自己的良知，对自己内心有个交代而已。

鲁定公所问的内容是术层面的事情，相当于公司总经理问咨询公司：下边有人不听话，我怎么能把他搞定？我怎么能抓住不听话人的小辫子，让他干啥就干啥？

孔子答复的是道层面的事情。孔子显然是不赞同解决问题靠急功近利的术。作为君王能领导众人靠的是德，不是手段，手段只是"德之用"的实现途径和载体，不能本末倒置。

《礼记·曲礼上》说："礼尚往来：往而不来，非礼也；来而不往，亦非礼也。"人伦之道都是相对的，治世伦理亦然。君对臣能以礼相待，臣对君才能尽忠；臣事君能尽礼，君待臣才能尽仁。君臣有义，君仁臣忠，礼尚往来，核心关键是尽己！

五伦关系都是这样，不是等着别人对我尽礼了，我才要以礼相待；而是自己处于人伦中的什么角色，就诚心恭敬以合宜之礼待人。一般情况下，我以礼相待，人亦自然回应我以礼，双方各尽本分，才能有序和谐，有一方过分失礼，就会失序不和，灾祸迟早会发生。

# （二十）

【原文】

子曰："《关雎》，乐而不淫，哀而不伤。"

【老刘说】

关　雎

关关雎鸠，在河之洲。窈窕淑女，君子好逑。

参差荇菜，左右流之。窈窕淑女，寤寐求之。

求之不得，寤寐思服。悠哉悠哉，辗转反侧。

参差荇菜，左右采之。窈窕淑女，琴瑟友之。

参差荇菜，左右芼之。窈窕淑女，钟鼓乐之。

现在人多把《关雎》当成情诗来读，这显然是不对的，《诗经》是儒家的"五经"之一，《关雎》是《诗经》的首篇，又怎么可能仅仅讲男欢女爱呢？

《关雎》是以王后的口吻描述天子正妻之德，讲述内容是求贤若渴又不失分寸，作用是教化天下夫妻之伦。天子正妻就是王后，王后和天子在形式上是日月相映的气象。王后作为第一夫人，以身作则母仪天下，还要辅佐天子，把握好国事与家事之间的微妙平衡。《周礼》曰："王后帅六宫之人。"王后在后宫的地位如同天子，是众妃子之主，在礼仪上与天子平等，出同车、入同座，同时拥有自己的官署（如汉朝的皇后三卿），负责管理后宫，理论上皇帝的所有侍妾、后宫的宫女、女官等，都是她的臣属。

皇后执掌内事，包括祭祀内神等，有很多具体事情要做，光靠自己一个人肯定是忙不过来的，所以非常希望身边有贤淑女子能贞专化下，共同做好内事，以便更好地教化天下。"君子好逑"的"君子"指己夫，也就是天子；"寤寐求之"指的是求贤，不是求美色。

"乐而不淫"的"淫"字，《广韵》说："淫，过也。""淫"是"过度、放纵、恣肆"的意思，《岳阳楼记》中"若夫淫雨霏霏，连月不开"的意思是雨下得太过分了，连着下了一个多月也不放晴。从男女角度来说，男爱女太过了是淫女色，女过分求宠是自淫其色。"乐而不淫"中的"乐"指求而得之后的笑逐颜开，高兴的情绪让人忍不住要用琴瑟钟鼓来庆祝，"不淫"指虽然非常高兴但不会过分到乐极生悲，如果沉湎其中，影响到正事就是"淫"了。

"哀而不伤"中的"哀"指求之不得的苦恼导致的焦虑不安寤寐反侧等；"伤"作动词是"伤害、损害"，这里与《孝经·丧亲章》"三日而食，教民无以死伤生。毁不灭性，此圣人之政也"中"毁"的意思相同。"不伤"指虽焦虑不安但不会影响到本性之和（"和"即《中庸》中"喜怒哀乐之未发，谓之中；发而皆中节，谓之和"），如果已经开始忧愁哭泣就是伤了。

本章孔子以《关雎》为例指出七情之正，七情是人与生俱来的，是本性，人如果没有七情，就失去了"天命之谓性"的"性"，本性不存又何谈人道呢？

凡《论语》中圣人所开启之人生境界，如能一一返验自心，必然能日有所进，有欲罢不能之感。

# （二十一）

【原文】

哀公问社于宰我。宰我对曰："夏后氏以松，殷人以柏，周人以栗，曰，使民战栗。"子闻之，曰："成事不说，遂事不谏，既往不咎。"

【老刘说】

宰我，即宰予（公元前522年—公元前458年），姬姓，宰氏，名予，字子我，春秋末期鲁国人，"孔门十哲"之一，能言善辩，曾跟从孔子周游列国。游历期间，常受孔子派遣，出使齐国和楚国。"朽木不可雕"的主人公就是宰我。于鲁悼公九年去世，唐玄宗时被追封为"齐侯"；宋代追封他为"临沂公"，后改称为"齐公"；明嘉靖九年，改称"先贤宰予"，从祀孔庙。

鲁哀公是鲁定公之子，鲁国第二十六任君主，在位二十六年。他在鲁定公死后即位，是鲁国"十二公"中的最后一位，谥号定为"哀"实在是恰如其分。

当时鲁国的内外形势都很不好，国政在鲁哀公之时也日益不堪，内有三桓执政，身为国君的鲁哀公有名无实；外有吴、越、齐等大国虎视眈眈。若鲁哀公本人能奋发图强，励精图治，情况或许会好转，可惜的是，鲁哀公实在不争气。

第一，鲁哀公带头违反礼法，非要将宠妾立为夫人，将妾所生公子立为太子，虽遭众人反对，但仍一意孤行，结果"国人始恶之"。

第二，孔子主张对内遏制"三桓"，采取为国君正名的大策略。鲁哀公十四年，齐国大夫陈恒杀齐简公，立齐平公，自任执政，这就是"田齐代姜齐"事件。弑君之后，陈恒害怕其他诸侯国干预，就将此前齐国侵略鲁国、卫国的土地归还，以换取外部舆论对其弑君篡权行为的容忍和支持。在春秋时代，弑君篡权是典型的乱臣贼子所为，鲁国若能出头平息齐国的叛乱，不

131

仅能在诸侯国重新确立威信，对内也能加强国君权威，遏制"三桓"的势力。应该说，这是鲁国寻求重振的一次良好机会。可在关键时刻鲁哀公实在靠不住，孔子斋戒三日，"而请伐齐"，鲁哀公则以"子告季孙"（你去跟执政季孙建议吧）来推托。实在是不争气。

鲁哀公十六年，孔子去世，鲁哀公的日子更不好过了。鲁哀公二十五年，他在宴会上面斥季康子和孟武伯，将鲁国的政治矛盾公开化，君臣之间变得水火不容。到了鲁哀公二十七年，国内政治矛盾一触即发，鲁哀公嫌实际掌权的三桓太嚣张，想借诸侯的实力清除三桓；而三桓觉得鲁哀公太狂妄不切实际，想让鲁哀公早点滚蛋。一次，鲁哀公出游，在孟孙氏门前的大街上遇到孟武伯，试探地问："请有问于子，余及死乎？"意思是，我冒昧地问一句，我能得到善终吗？三问，孟武伯始终没有回答。鲁哀公流亡在外，至死也未返回鲁国。鲁哀公去世后，鲁悼公即位，"悼公之时，三桓胜，鲁如小侯，畀（bì）于三桓之家"。可以说，鲁哀公是个失败的君王，不仅自己落了个客死异乡的悲惨结局，而且鲁国公室的地位也由此更加不堪。

"哀公问社于宰我"的"社"指社稷之神，相当于俗称的土地之神，古人建国必立社。祭祀社稷之神要先为其立个木制的牌位作为神灵存身的凭依，一般选用当地比较有代表性的木材，也有不设神主直接把树作为神灵凭依来祭祀的。

鲁哀公问宰我："神主牌位用什么木材制作合适呢？"宰我先罗列了一下前代用的材质，夏朝时用松木，殷商时用柏木，周朝时用栗木。又补充说，用栗木做神主牌位是要使民众对上有战栗悚敬之心，对政府有发自内心的畏惧。宰我这么回答，显然是话里有话的。

这个地方要注意，按照排比修辞方式，应该写成"夏人以松，殷人以柏，周人以栗"，可为什么写成"夏后氏"呢？原因是我们现在用的都是简化版的，简化的"后"字合并了"后"与"後"两个字的含义，实际上这两个字还是有很大区别的。"后"字与"司"字字形是镜像关系，都是施令以告四方的意思，"后"是君王，《尔雅》说："后者，君也"；而"後"字本义为行路迟缓,《说文解字》说:"後,遲也"。夏朝实施禅让制,用"后"字表示实至名归,有褒义在;而殷商和周朝都是顺应民心通过征伐夺取天下的,所以用"人"字。

当时鲁哀公失德,臣民都不太拿他当回事,自然也就没有多少敬畏之心。宰我的意思是:"周朝立国后,臣民对君王有战栗悚敬之心,而你也是周人,为什么不想办法建立自己的威严呢?"

实际上,古代制作神主牌位都是因地制宜就地取材,夏朝境内松树比较多,所以用松木;殷商境内柏树比较多,所以用柏木;而周朝定都镐京,地属今天的西安,板栗树很多,所以用栗木。

宰我显然是借题发挥歪曲本义,说周朝用栗是为使民战栗,暗含的意思是劝哀公用严政,该杀伐果断的时候要有魄力。

孔子知道这件事后,对宰我的应答是持批评态度的。对《春秋》了解比较多的读者,这个地方会有个疑问,孔子在鲁定公在位期间曾经隳(huī)三都①,从激烈程度来说,可比宰我仅仅提个暗示性的建议要强烈得多,那么孔子这个时候批评宰我是不是宽己严人呢?

儒学是非常讲因地制宜和与时俱进的,鲁定公时代和鲁哀公时代是此一时彼一时,不可同日而语,宰我之言是不适时宜的,所以孔子接着解释说:"成事不说,遂事不谏,既往不咎。"

"成事不说"指凡事已成定局,说了也不会有什么效果,就不必说了。在这里指三桓专权的局势形成已久,鲁哀公失政已成定局,积重难返的情况下,再说无用,甚至会惹祸上身,故不需说。

"遂事不谏"的"谏"是"劝谏使之归正"的意思,"遂"是"已经达成"的意思。事情还没达成,可以进谏劝阻,让事情归正;事情已经生米做成熟

---

① 隳三都:周制诸侯私邑的城墙不得超过18尺,但鲁国三桓(季孙氏、孟孙氏、叔孙氏)私邑严重超标。鲁定公十二年,孔子任鲁国大司寇兼摄相事,建议鲁定公拆毁"三桓"私邑郈、费、郕(chéng)。这就是"隳三都"。结果两个私邑——郈城和费城被拆除,拆除第三个私邑郕的时候,因为齐国军队的军事威胁而不得不放弃。"隳三都"虽然半途而废,但有效地打击了三桓势力,鲁定公地位有所提高。

饭，再去劝谏还有什么意义呢？难道熟饭还能再变回生米不成？宰我现在对哀公进谏为时已晚，不如不谏，劝谏反而会惹出其他不好的结果。

"既往不咎"的"既往"指已经发生的事情，"咎"在这里指"指责、责罚"。孔子的意思是，事情还没发生的时候，指责或者责罚可以有效避免事情发生；事情已经发生了，再去指责还有什么实际意义呢？宰我对哀公说的话虽然不妥当，但话已出口无法收回，为师再责罚你又有什么意义呢？

这三句话实际上就一个意思，孔子知道三家专权由来已久，鲁哀公对内寡德失礼、失权无势，纵有外部强援，也是难以成事的，何况没有外援呢？想急切纠正不但于事无补，反而会有遗祸，于是责备宰我不该信口胡说。

# （二十二）

## 【原文】

子曰："管仲之器小哉！"

或曰："管仲俭乎？"曰："管氏有三归，官事不摄，焉得俭？"

"然则管仲知礼乎？"曰："邦君树塞门，管氏亦树塞门。邦君为两君之好，有反坫，管氏亦有反坫。管氏而知礼，孰不知礼？"

## 【老刘说】

管仲，姬姓，管氏，名夷吾，字仲，谥敬，颍上（今安徽省颍上县）人，春秋时期法家代表人物。齐僖公三十三年（公元前698年），开始辅佐公子纠。齐桓公元年（公元前685年），得到鲍叔牙推荐，担任国相，辅佐齐桓公成为春秋五霸之首。对内大兴改革、富国强兵；对外尊王攘夷，九合诸侯，一匡天下，被尊称为"仲父"。齐桓公四十一年（公元前645年）病逝，后人尊称其为"管子"。

孔子对管仲的事功评价还是非常高的，在《论语·宪问》中这样说："微管仲，吾其被发左衽矣"，意思是：管仲辅助齐桓公成为诸侯霸主，尊王攘夷，一匡天下。要是没有管仲，恐怕我们也要披着头发，衣襟向左开，被蛮夷统治和奴役了。

后世有人说孔子评价人很飘忽，一会说好，一会说不好，没有个明确的立场。实质上是这些人自己心智不够，摆脱不了"脸谱化"看人的问题，反而以此质疑圣人的水平，实在是可笑。

"器"本义指"器量、器度"，"器"的容量有大小，心之容量也有大小：识深则量大，识浅则量小，所以人的胸襟度量在其识。孔子评价管仲器小，是因为管仲之识不够深。"器小"可以理解成"小家子气"。

管仲辅佐齐桓公，内用政刑之术治国，外交尊王攘夷，又辅以甲坚兵利，所以能一匡天下。但本质上是行霸术，不是以礼乐教化为主的王道。霸术可成就一时之事功，但没办法长久，所以"管仲死，桓公薨，天下不复宗齐"。中国历史上的春秋五霸、西楚霸王等，西方世界的罗马帝国、马其顿帝国、奥斯曼帝国等皆是如此，出现一个或几个不世出的能人，其势力或国家就迅速崛起，这个人死了之后，就迅速衰败下去。所以只有以仁德为核心，以礼乐教化为主，以政刑为辅的王道才能国治天下平、长治久安。

孔子基于管仲只知行霸术而不能行王道一事，批评说："管仲之器小哉！"这句话的正确理解应该是"管仲虽然事功很大，但还是小家子气"。

"大器"和"小器"详细说一下，帮助理解本文。

"大器"即孟子说的"居天下之广居，立天下之正位，行天下之大道"。"大器"才能"富贵不能淫，贫贱不能移，威武不能屈"，"小器"则富贵能淫之，贫贱能移之，威武能屈之。

管仲追求的是以功利自强其国，功利粗成就心满意足了，在个人反身修德方面止步不前，所以才会做出奢而犯礼的事情，如果"大器"就自己知礼（理）了。如果一个人不断用学问填充自己的"小器"，只要功夫到位，最后也可以变成"大器"的。

管仲天资禀赋极高，所以能对天下利害看得清楚明白，而应对天下利害只是基于形势所迫，并非源于圣贤门户的心有仁德。天资禀赋足够高的明白人对利害关系看得非常清楚，不这么做的结果就是天下叛去，一切前期努力都付诸东流。

"管仲俭乎"的"俭"在这里是"悭吝"的意思，有人听说孔子评价管仲"器小"，所以问孔子："说管仲器小，是因为他太悭吝吗？"

"三归"的"三"指多，并不限于三个；"归"字的解释非常多，结合上下文，个人觉得应该指有很多府邸可归，这样理解才能和下文"官事不摄"对应；"官"指管仲的家臣；"摄"在这里是"兼顾、兼管"的意思。"官事不摄"指管仲的府邸里，各处各项职事都设有专人负责。

孔子回答说："管仲拥有很多府邸，下班回家可以选择去不同的府邸过夜；家里养的管事的人很多，奢侈到每个人只管一件事，不需要兼顾其他的事情，这么奢侈排场，哪里算得上悭吝呢？"孔子的意思是，说管仲"器小"不是因为他悭吝，相反，管仲是奢侈不俭的，这正是器小易盈的表现。

"然则管仲知礼乎"的"礼"在这里指过分拘泥礼节礼貌导致待人接物局促不安，给人的感觉像没见过世面一样。有人怀疑管仲太过拘泥于礼数，所以孔子才评价他"器小"，于是这么问孔子。

"树塞门"指古代天子或诸侯在门外立屏用以分别内外。大夫是不可以用屏的，只能用帘子分别内外，然而管仲也用树塞门，这显然是僭越行为。"反坫"即"反爵之坫"，是诸侯会盟时举行宴会的大堂上放酒杯的台子，仅天子与诸侯这个级别的人在会盟的时候才有资格使用，如果是君臣宴会，只需要把酒杯放在两个竹筐里就可以了。管仲只是大夫身份，却在自己的堂上用"反爵之坫"，这显然是僭越不敬的行为。这些都是管仲骄僭不逊、器小易盈的证据，管仲的"不知礼"是因为他心无敬畏，所以才说他"器小"。

所以孔子最后总结说："管仲这些事情都敢做，哪里是对礼节过分拘泥呢？如果说他知道礼仪，那么，还有谁不知道礼仪呢？"

# （二十三）

## 【原文】

子语鲁大师乐，曰："乐其可知也：始作，翕如也；从之，纯如也，皦如也，绎如也，以成。"

## 【老刘说】

"子语鲁大师乐"的"语"是告知的意思，"大（tài）师"是乐官名，相当于周朝的大司乐，主要职责是以乐配合政教。当时鲁国礼乐崩坏，所以孔子借着和乐官交谈的契机，把正乐说明白。"子语鲁大师乐"即孔子告诉鲁国负责乐的大师，正乐应该是什么样子。

"乐其可知也"即正乐的全部进程都是可知了，也就是说，正乐是有固定模式的。

"翕如也"的"翕（xī）"字本义是"闭合，收拢"，引申义表示"合、聚、和顺"，在这里指乐曲开始的时候，听闻的人心意同频，为之振奋的样子。古代演乐讲究金声玉振，乐曲开始的时候先奏金，即以钟声开始，以磬声收韵。"始作，翕如也"指钟声响起，听到的人皆翕然振奋。

"从之"的"从（zòng）"字本义是"放松"，在这里指八音齐发，声音自此全部放开，清浊高下，相济而和；"纯如"指各种演奏的乐声和谐饱满。"从之，纯如也"即此时乐声人声，堂上堂下，互相应和，纯然一体。

"皦如也"的"皦（jiǎo）"字本义是"洁白，明亮"，"皦如"指此时乐器的声音和人的声音，在一片纯粹和谐中，声音的高下清浊，乐音源于什么乐器，等等，都可以分辨明析。

"绎如也"的"绎（yì）"字本义是抽丝，在这里是连续相生的意思，可以参照成语"络绎不绝"的"绎"理解。"绎如"指此时乐声络绎而至，相生不绝。

"以成"即正乐自始至终按照这个条理顺下来，就算圆满完成了。

本章还有另外一种解析，可以作为参考。

《礼记·乡饮酒义》说："工入升歌三终，主人献之。笙入三终，主人献之。间歌三终，合乐三终，工告乐备，遂出。"

正乐以钟声开始，接着是升歌清唱，主唱人升堂唱诗，这个时候没有伴奏，只有人的声音，纯粹不夹杂其他声音，所以说"纯如也"；升歌结束后是笙开始演奏，此时只有笙的声音，没有其他乐器之声夹杂，笙发声清越高雅，音质柔和，所以说"皦如也"；中间环节会有间歌，歌声与笙乐间代而作，没有间断，所以说"绎如也"；然后是合乐，八音齐奏众人齐唱，最后以磬声收尾，正乐才算圆满结束。

# （二十四）

## 【原文】

仪封人请见，曰："君子之至于斯也，吾未尝不得见也。"从者见之。出曰："二三子何患于丧乎？天下之无道也久矣，天将以夫子为木铎。"

## 【老刘说】

本章内容是说明夫子之德，即上天选定孔圣人来弘扬大道，孔圣人任重道远，负重前行。

"仪"是当时卫国的一个地名，位置在卫国边界；"封"指先秦时代诸侯分封的疆界和界域的标记。"封人"是官名，即管理边界的官员。"仪封人请见"即孔子从卫国仪邑通过，负责管理卫国此处国界的一个官员想借此机会拜访一下孔子。

从字意看，他似乎被孔子的从人或者弟子挡驾了，于是他说："君子之至于斯也，吾未尝不得见也。""君子"指贤人君子，"至于斯"即从仪邑这个地方路过。这句话就是，凡是从这个地方路过的贤人君子等，我都是拜访过的，没有见不到的。话说到这个程度，跟随孔子的从人也不好再说什么，就进去通报给老师，在征求老师意见之后，安排了一个见面的机会。

这个人究竟和孔子谈了什么话，没人知道。他出来以后对孔子的弟子们说："二三子何患于丧乎？天下之无道也久矣，天将以夫子为木铎。""二三子"是这个人对孔子弟子的称呼，相当于"你们几个人"；"丧"指孔子失位这件事情，孔子之前担任鲁国司寇，辞职不干之后开始周游列国；"患"字本义是"担忧"，在这里指不必为孔子失位而忧虑。

"铎（duó）"就是大铃铛，铃铛外面部分是金属材质的，一般用铜来制作，里面的铃舌有金属材质的，也有木头材质的，故《夏书》曰："遒人以木铎徇于路"（遒人，行令之官也；木铎，木舌金铃）。

先振木铎警众是一种古代的宣传推广手段，负责宣传的人手拿一个大铃铛，走街串巷边走边用力摇动铃铛，制造很大的声响引起人们的注意，同时大声吆喝政令，让被吸引的人都能听到。

在古代应用的时候，一般武事振金铎，文事振木铎，天子发布政教，先振木铎警众，"木铎"在这里指施政教时所振，引申意思是弘扬大道以礼乐教化天下。

"天将以夫子为木铎"是说，天下事盛极必衰，衰极必盛，现在天下之衰乱无道已久，天意想要孔子成为弘扬大道教化天下的木铎，所以让他失去司寇的位置，走上周游列国这条道路。

# （二十五）

【原文】

子谓《韶》，"尽美矣，又尽善也。"谓《武》，"尽美矣，未尽善也。"

【老刘说】

本章是借《韶》《武》之乐来说明乐的尽善尽美，"美"侧重指"言功"，

"善"侧重指"言德"。

"尽"是完全之意，"尽美"是从表现形式的角度来说，也就是在外的部分，比如乐曲音调、舞姿阵容等；"尽善"是从内涵是否合道的角度来说，指蕴含于内的部分，即乐舞中所蕴含的意义等。"韶"字通"绍"，《说文解字》："绍，继也"，本义是"连续、继承"的意思，比如"绍复"是"继承恢复"的意思，"绍世"是"连续几世"的意思。《韶》是歌颂舜帝的乐曲，本义是德能绍尧（能继承并发扬光大尧帝的德行），所以取乐名为《韶》。《韶》乐表现出舜的圣德受禅，尽善尽美，舞姿和音乐都非常美好和谐。

《武》乐是歌颂周武王的乐曲，周武王能解民倒悬，以武除暴安良得民心，是天下所乐，所以取乐名为《武》，《武》乐的舞姿和音乐也非常美好，只是多了一层杀伐之意在其中。从美好的角度看，《武》乐与《韶》乐水平是一样的；从与大道相合的角度看，《武》乐有杀伐之意在，还没到完善之境，在德行上不如《韶》乐更合道。

有什么样的德，才会有什么样的乐，舜之德是如此才有《韶》乐，武王之德是如此才有《武》乐。舜帝和武王所处时位不同，应对方式自然不同，没必要有所褒贬，德的彰显有高低之分，但治世之功是一样的。

圣人治天下，德化是首选，圣德昌盛天下自然顺服，但凡事有例外，碰到完全不通事理的情况，也不得不兴师征伐，比如大禹征有苗、黄帝兴兵等。《周易》谦卦上六爻辞："鸣谦。利用行师，征邑国"，也是说即便君子谦逊有礼，被外部时位所迫，也有不得不"征邑国"的时候。

未能做到尽善，只是圣人所遇时位不同而已。如果是舜帝处于武王的时位，因为舜帝的威信和影响力远远大于武王，是可以兵不血刃让天下人自发来归的。纣王最后难免众叛亲离，只能接受禅让帝位的结果。届时圣主治天下，纣王也能颐养天年，不至于自焚而死。

# （二十六）

## 【原文】

子曰："居上不宽，为礼不敬，临丧不哀，吾何以观之哉？"

## 【老刘说】

本章是《八佾篇》的最后一章，是从总体角度阐述礼的意义所在，可以参考《周易》观卦理解。

"居上不宽"指居上位者对待下属过分刻薄不够宽厚。"刻"就是"察察为明"，金无足赤人无完人，当领导的太过精明，做部下的就会束手束脚，不容易发挥自己的才能，既然做得多错得多不如干脆不做，不做就不会犯错，拿着显微镜找缺点的结果必然是无人可用。居上位者对待下属能宽厚大度，自然就会得到更多人的拥戴。但"宽"字不容易做到，只有自己的心性水平到了，"天命之谓性"的"性"自然发用流行，中间无丝毫私欲遮蔽，才能厘清这个"宽"字的边界。

"为"是"行"的意思，"为礼不敬"指在礼仪中心无敬畏。凡是和"礼"相关的事情，庄重敬畏是根本，心无敬畏的后果是傲慢之气越来越大，拿礼不当回事，在礼仪中越来越懒惰，能简省就简省，能偷懒就偷懒，主持礼的人越来越傲慢懒惰，观礼的人又怎么可能心有敬畏呢？这样下去礼的教化作用就完全没有了。

"临丧不哀"指参加别人丧礼毫无哀戚之情。参加别人丧礼的目的是表达自己的真切感情，斯人已逝心有哀戚。"临丧不哀"就是参加别人的丧礼，心思却根本不在这件事上，完全没有哀悼之情，只是过来装装样子。

居上的根本在"宽"，为礼的根本在"敬"，临丧的根本在"哀"；"居上不宽"，只剩下对制度流程的机械执行，"为礼不敬"，只剩下仪式进退的走过场，"临丧不哀"，只剩下假模假样的充场面。居上只要观其宽，为礼只要观其敬，临丧只要观其哀，三者皆无，当然就无可观矣！

"居上不宽，为礼不敬，临丧不哀"这三句中，"宽""敬""哀"三个字是根本所在，如果根本不在，"居上""为礼""临丧"就都是空的了。只有做到根本，才能谈到至或不至，尽或不尽，否则都是空中楼阁。

礼是天理在人类社会的具体彰显，主要作用是让人类社会和谐稳定秩序井然，秩序意味着光明和安宁，以及内在的自由和自我控制；秩序是人类最大的需要，是人类社会健康运转的基本保障。居上位者要可"观"，才能对天下臣民有教化作用，如果不可"观"，就会上梁不正下梁歪，这是治世的基本常识。

# 【里仁第四】

本篇是《论语》中最重要的一篇,《学而篇》是讲为学,《为政篇》是讲为政,《八佾篇》是讲依礼。仁为礼乐本体,所以《里仁篇》主要是讲明仁。

"里"字,《说文解字》说:"居也。从田,从土。"表示有田有土可以居住,"里"字在这个地方作动词,是"居住、处于"的意思。

"仁"对应乾道,是合道循理的生机,有两个基本特质:

第一,"仁"字表示孕育生机,比如核桃仁、花生仁等,都是指在合适环境下具备绽放生机的坚果种子,所以"仁"的第一个特质是符合"天地之大德曰生",蕴含着活泼泼的生机。第二,"仁"字的字形是一个人走在路中间,表示"仁"所行不偏离大道,是合道循理的"与天地准"。

"仁"有两个层次的意思:

第一,仁是德行的核心和生发处,所以常用仁德代表德行全体。第二,仁是人道的核心,所以常用仁道代表人道的全体。

"里仁"是讲如何居于仁道,处于仁道。"里仁"包含自处和与人相处,自处对应自立,与人相处对应立人,二者是体用关系。

# （一）

**【原文】**

子曰："里仁为美。择不处仁，焉得知？"

**【老刘说】**

《论语》中很多地方，孔子言辞的背景是不清楚的，后世对孔子所言的理解难免有歧义，这是没办法的事情。

"里仁为美"在解读上颇有争议，有两种不同的解读，但从修身角度来说都是有益无害的，个人觉得可以参照理解。毕竟修身的目的是提高自己的生命质量，而不是增加谈资，所以，读书不要偏离根本和自己的初心。

"里仁为美"的第一种解读侧重指"择邻而居"。古代五家为邻，五邻为一里，设置一里正（明朝称里长），主要负责掌管户口和纳税。"里"侧重指民之所居之处；"仁"指仁厚的风气；"美"指美好且令人满意。"里仁为美"即"选择住在一个充满仁厚风气的地方，是美好且令人满意的"。

"焉得知"的"知"通"智"，指"明智"；"择不处仁，焉得知？"即"如果住在一个风气不好的地方，怎么能算得上明智呢？"核心是讲"居必择仁"。

人和环境会彼此影响，所以选择居住环境不得不慎。如果街坊邻居都是仁厚的人，家庭关系就能父子相亲，兄弟相爱，邻里之间就能出入相依，患难相恤，这是最佳的居住环境，这种环境中，品行不好的人是没有生存空间的。

《列女传》中有"孟母三迁"的典故。孟子小时候，居住的地方离墓地很近，孟子受环境影响，学了些祭拜之类的事，玩起办理丧事的游戏。孟子的母亲认为这个地方不适合孩子成长，于是将家搬到集市旁，孟子受环境影响，学了一些做买卖的事情。孟母认为这个环境也不利于孩子成长，于是再次搬家，这次搬到了学宫旁边。孟子在这种环境下，开始学习读书和礼仪的事情，孟母说："这才是孩子应该居住的地方。"

所以，"居必择仁"就是邻里之间不但可以各守其业相观而喜，而且利于自身修心齐家养德泽福，这是明智的人的必然选择。

"择仁"这件事，可解读的空间比较大，可以是"择仁邻"，也可以是"择仁友"，抑可以是"择仁业"。突破择邻的局限性，对"里仁"的深入思考，正是对修身践行的启发所在。

"里仁为美"第二种解读侧重指"居于仁道"。

孟子说："夫仁，天之尊爵也，人之安宅也。"孟子显然反对将"里"解释为"民之所居处"，而是将"里"解释为"安顿自我"的意思，意思是"人要以居于仁道为美，将'仁'作为安身立命之所在，如果不选择居于仁道，哪里算得上明智呢？"孟子这样解读，与他讲的"养吾浩然之气"是相通的。

孔子论学论政，皆重礼乐，仁是礼乐之本，君子体仁，必能行礼乐。礼是能看得见的，必然会与时俱进随时而变；仁是摸不着看不见的，但仁基于"天命之谓性"，是人与生俱来的，只要人不超脱物类，仁性就不会有丝毫改变。

# （二）

**【原文】**

子曰："不仁者不可以久处约，不可以长处乐。仁者安仁，知者利仁。"

**【老刘说】**

"处约"的"约"是"贫困"的意思，"处约"即处于贫困之境；"处乐"

的"乐"指"富贵逸乐"，"处乐"即处于逸乐之境。"不仁者不可以久处约，不可以长处乐"即"不仁的人不能长期处于贫困中，否则难免因为不能忍耐饥寒而背离人道，沦落为为非作歹的坏人；不仁的人也不能长期处于富贵逸乐中，否则就会骄纵放肆，毫无节制，最后难免招惹灾祸"。

君子本性合道，无论处于什么境遇，都能保持本心不变，所以"富贵不能淫，贫贱不能移，威武不能屈"。而小人不能始终保持本性做主，守不住本心，难免贫困则自暴自弃，富贵则骄奢淫逸。长处困境，难免失意忘形；长处顺境，难免得意忘形。就算能守住本心，也无法长久。

《周易·文言·乾》曰："君子体仁，足以长人。"能做到安贫乐道与富贵不淫都是很不容易的，只有回归天命赋予的本性，才能做到贫贱富贵之际，得意失意之间，依然能乐天知命，安之若素。

前一句讲的是现象，后边八个字才是本章的核心。"仁者安仁"的前一个"仁"是形容词，"仁者"指本性能合于大道的人；后一个"仁"是名词，指仁道，即上天赋予人的与生俱来的仁道；"安"指所安之处，"安仁"即天性仁者能安居于仁道中，安而行之只是个自然而然的事情。

"仁者安仁"是个理想状态。仁者温淳笃厚，义理自然具足，从发心动念到具体做事只是按照本性的行云流水，信手为之就能合道循理。达到尽心、知性、知天的境界，良知充盈纯粹，无丝毫私欲遮蔽，能自诚而明，便是安仁。

"知者利仁"的"知"本义是"知晓、清楚"，在这里指具备分辨是非的能力，所以能求其"是"而去其"非"；"者"指"天命之谓性"；"利"是"对……有利"的意思；"知者利仁"即非常清楚没有私欲遮蔽才是好的，所以就千方百计地克除私欲遮蔽。

"安仁"和"利仁"是有区别的，"安仁"是达到完全合一的境界，本性发用流行自然而然一以贯之，所以说个"安"字，就像走在路上会忘记自己穿着鞋一样；"利仁"是还没有达到完全合一的境界，还处于把"仁"当作度量标准，凡是合乎这个标准的就去做，不合乎这个标准的就不做，所以说个

"利"字。

从人物角度来说，颜子、曾子是"仁者安仁"的水平，子夏、子贡是"知者利仁"的水平。

# （三）

**【原文】**

子曰："唯仁者能好人，能恶人。"

**【老刘说】**

"唯"是"只有"的意思；"仁者"指能纯乎天理而无丝毫人欲之私的人；"好"字读"hào"，是"喜好、喜爱"的意思；"恶"字读"wù"，是"厌恶"的意思，古文中说"善善而不能用，恶恶而不能去"，意思是"有德才能胜任的人不能提拔使用，无德才不能胜任的人却又占着位置无法去掉"。

"唯仁者能好人，能恶人"，直译为：只有仁者才真正具备对喜爱和厌恶的分辨和判断能力。

这里并不是说普通人不能有自己的好恶（喜爱和厌恶），而是说普通人的好恶皆掺杂私欲，难免立场和标准不够清晰。普通人的好恶判断因为有私欲夹杂，真的很难做到坦坦荡荡、纯纯粹粹地去喜欢，或者坦坦荡荡、纯纯粹粹地去厌恶。

打个比方，我们一提到骗子，心里首先是厌恶，坑蒙拐骗道德沦丧，大家都会觉得很不耻。但突然听说某个骗子骗了几千万元，香车美女，左拥右抱很享受，这个时候有些人又难免心生羡慕，此时对骗子的厌恶已经不纯粹了，其中夹杂了基于好利私欲的羡慕之心。有这个羡慕的心思，如果自己有个能骗到手几个亿的机会，自己真能坚守本心不去做吗？这显然是值得商榷的。

而仁者不同，仁者能立于公正。一颗心无私欲遮蔽即为公，洞悉大道且能合道循理即为正。二者兼备，当然能真正地审人之好恶。

"仁者能立于公正"的"公正"深入说一下，公即无私心，正即合正理。有的人能做到合正理，但不见得没私心；有的人能做到没私心，但不见得能做到合正理。仁者能做到动静皆合正理且无私心，这样的判断才是公正的。

但凡判断，都有两个基本要素，一个是立场，另一个是度量尺度。就像物理学中测量位移矢量一样，立场相当于参照物，度量尺度相当于一把刻度固定的尺子。平常人好恶不明，要么是立场变来变去没个准谱，相当于参照物变来变去；要么是度量尺度变来变去，相当于尺子是橡皮筋做的，一会拉长一会缩短，这样是没办法得出准确数据的。而仁者能洞悉大道，立场和度量尺度都是确定的，测量的两个要素都具备，当然能得出准确的判断结果。

此章语浅意深，和上一章放在一起，说出了人生种种苦痛根源的所在。人的种种苦痛罪恶，究其根源皆出包藏不仁之心开始。不仁之人处困境不能安，处顺境亦不能安；心所喜不能真正去喜爱，心所厌不能真正去厌恶，又怎么能拥有真正坦坦荡荡的幸福感呢？所以能时时反躬自问存养良知，才是快乐人生的正道。

# （四）

**【原文】**

子曰："苟志于仁矣，无恶也。"

**【老刘说】**

"苟志于仁矣"的"苟"字一般解释为"如果、假如"，作连词用，但南宋之前的儒者有注释为："苟，诚也"。而《说文解字》《尔雅》等训诂书中"苟"字的释义又无此条目。

有当代学者考证，金文"苟"与"敬"为同一字，依据是"苟"字的西周金文字形是一只狗蹲踞在地上竖起双耳，本义是"警惕"，引申义为"敬肃"。大保簋铭文"王降令于太保，大保克苟（敬）无遣（谴）"；班簋铭文"唯苟（敬）德，无攸违"；师虎簋铭文"苟（敬）夙夜无法（废）朕令（命）"。"肃"字西周金文字形为手持佩巾临渊擦拭，战战兢兢；"敬"字侧重指内心的谦恭尊重。从这个角度说，"苟"引申为"诚"，勉强说得通。

"志"是心所专注的方向，人性天生是合道的，所作所为如果有不合道的地方，究其原因都是受到了不仁之念的拖累。如果心能专向于仁，即存心在仁，时刻存养良知克除私欲复还天理，就算因一时察识不精或者践履不熟而有过，最终也不会做出恶行。

按照《周易》的语言体系，这句可以理解成"苟志于仁矣，无咎也"，即心能专注于仁，时刻做慎独的功夫，善于补过，自然就不会招致灾祸。这个地方需要注意，儒家语言体系中，善即合道，恶即偏离正道，善恶只是个在范畴内和不在范畴内的关系，不是冰炭不同炉的对立关系。

"志于仁"和"志于道"是有区别的，"志于仁"是切实地修炼心性功夫，范畴很具体；"志于道"则泛泛得多，凡是人有志于学，都是"志于道"的范畴。

"无恶"的"恶"字，有两种读音。一种是读"è"，即善恶的"恶"；另一种是读"wù"，即喜怒哀惧爱恶欲的"恶"，是厌恶的意思，按照《礼记·礼运》中所说的"何谓人情？喜、怒、哀、惧、爱、恶、欲，七者弗学而能"，人的七情是与生俱来的，并不是后天才有的。

前儒对"恶"的注释有分歧，多数都是按照上一章"能恶人"的"恶"解释成"厌恶"之意，对此本人并不认同。因为从心体发动的顺序来说，意动之后才有善恶分别，再之后才是七情发动；而不是心直接驱动七情发动，厌恶显然是判断善恶之后的事情了。前人有误的原因是实修功夫不够，对心性意知物和情绪之间的关系没有厘清，所以才会犯这样的错误。

另外，"过"和"恶（è）"是不同的，"过"是外力、失控、力所不及等因素导致发生了让人不想看到的结果，因为有违初衷，"志于仁"者必然会想方设法进行补过；"恶（è）"是私欲遮蔽良知，属于存心不良，对于不好的结果"不志于仁"者采取了放任的态度。所以说"志于仁"者无法避免一定不犯错，但如果是"不志于仁"者必然会有"恶（è）"。

# （五）

## 【原文】

子曰："富与贵，是人之所欲也；不以其道得之，不处也。贫与贱，是人之所恶也；不以其道得之，不去也。君子去仁，恶乎成名？君子无终食之间违仁，造次必于是，颠沛必于是。"

## 【老刘说】

本章是从行为的角度来阐述仁道的。

"仁"是形而上的范畴，摸不着看不见，只能从它彰显出来的能摸得到看得见的行为角度来描述，但千万不能把摸得到看得见的行为等同于"仁"，要清楚这些能摸得到看得见的行为只是"仁行"。

拿我们平常能理解的电流来举例子帮助理解。不借助电流表、电压表等仪器，我们是看不见电流的。中学物理老师讲电流的时候，往往拿灯泡有电流流过会发光，电热器有电流流过会发热，电动机有电流通过会转动等现象，来描述电流是什么以及电流的作用，但我们很清楚：发光、发热、转动等现象都只是电流作用后的表现，并不是电流本身。对应到"仁"也是如此，看得见摸得着的是"仁行"，不是"仁"本身。

天理落在万物上，万物各得其理并以之为本性。天理落到人上，人以天理为本性，这个本性就是"仁"，所以"仁"是天生合道循理的，即"天命之谓性"。能居于仁道而得之于心，就是仁德。

"富与贵"的"富"指钱财多，"贵"指位高言重。但凡一个人，都希望自己说话有人听，做事能做成，这种愿望和心智高低没关系，属于本能范畴。所以人都希望自己富贵，这是无可厚非的。

"处"是"心安于此"的意思，"不以其道得之，不处也"即"如果以违背仁道为代价获取富贵，会让仁者不能安处富贵之中"。

"贫与贱"的"贫"指缺乏钱财，"贱"指没有地位，人都不希望自己处于贫贱的境遇，即使仁德的人，对贫贱也是不喜欢的。但外部大形势的变化、自己所处的时位等，都属于人力不可及的范畴，不是自己能左右的，不管愿意不愿意，都必须坦然面对。

"不以其道得之"的"得"是"得偿所愿"的意思；"不去也"的"去"是"离开"的意思。"不以其道得之，不去也"即"如果坚持仁道就无法脱离贫贱，仁者是不会选择违背仁道去脱离贫贱境遇的"。

注意：这个地方要清楚，外部大形势无论是泰卦态势或者否卦态势，都是天道运行的本然如此，君子道长小人道消或者君子道消小人道长都会出现，不要想当然地觉得行仁道就会富贵，行不仁之道就会贫贱，这么理解就刻舟求剑了。

富贵贫贱皆是外来之物，所谓时势造英雄，时和势是人力不可及的范畴。人生际遇有顺有逆，富贵之事人人所愿欲，如果是理应如此，亦无不可；如果是无功而受禄，无德而居位，不应得富贵而偶得，难免会有灾祸，居之不能心安，就要好好思量了，这就是"审富贵则可以处乐而不淫"。贫贱之事人人厌恶，但不是想避就能避得开的，尤其是处于逆境时运不济时，如果是理应如此，只需乐天知命，等待时势变化，即"君子藏器于身，待时而动"，这就是"安贫贱则可以处约而不滥"的安贫乐道。君子能达天知命，心有敬畏，君子素其位而行的"不处""不去"，正是"智"字所在。

"君子去仁，恶乎成名"的"去"字是"本来有，现在离此而去"的意思，不能理解成"除却"；"恶"字在此处是"如何、怎么"的意思；"名"即"以君子称其名"。"君子去仁，恶乎成名"直译为"如果君子离仁道而去，如何还能称其为君子呢"？

君子立身以仁道为本，合仁则处，不仁则去，君子之所以是君子，就是因为君子能行于仁道，偏离仁道就不能称其为君子了。非要强称为君子，只能是货真价实的伪君子。

儒家行仁则荣，不仁则辱。天下万物皆为人所驭使，如果行仁道而得富贵，是取之有道，安然处之即可；若行不仁之道而得富贵，是取之无道，君子又怎能安然处之呢？

正常的世间营生，士农工商等，只要把"仁"放在首要位置上，将其作为发心动念的第一法则，在仁道的范畴内求财、求利、求官、求名等，都可以"自天佑之，吉无不利"。相反，如果把顺序做反了，就会伤天害理，必然招致天道反噬，灾祸不请自到。这就是《周易》中说的："积善之家，必有余庆；积不善之家，必有余殃。"

"终食之间"指吃顿饭的时间，表示很短的时间；"违"是"背反、离去"的意思；"君子无终食之间违仁"指君子为仁是其心常在，时刻都在仁上，对君子来说，无论是一顿饭的时间，还是一辈子的时间，时时刻刻都在仁上，中间不会有丝毫间断和背离。

"造次"指仓促匆忙之时；"颠沛"本义是"偃仆"，"偃"是仰倒，即向后摔倒，"仆"是前倒，即向前摔倒，"颠沛"在这里指狼狈困顿之际；两处"于是"的"是"都是指"不违仁"。

"造次必于是，颠沛必于是"指君子的心始终在行仁上，无论外部境遇如何变化，始终能够做到不违仁，即便仓促匆忙之时，狼狈困顿之际，亦是如此。

本章"君子去仁，恶乎成名"是提纲挈领，"富与贵""贫与贱""终食""造次""颠沛"等是按照从大到小的顺序说的，如果大的地方都把握不住，见利急趋，后面小的地方也就无从谈起了。为学做行仁功夫的人也应该按照这个次序笃实前行。

# （六）

## 【原文】

子曰："我未见好仁者，恶不仁者。好仁者，无以尚之；恶不仁者，其为仁矣，不使不仁者加乎其身。有能一日用其力于仁矣乎？我未见力不足者。盖有之矣，我未之见也。"

## 【老刘说】

本章的难点是第一句话"我未见好仁者，恶不仁者"。现代很多解读《论语》的书，把这句直接翻译成"我没有见到喜好仁的人，憎恶不仁的人"，而对这句话深入的解读就没有了。读书的人不禁会有个疑问："难道孔子所处的时代，那些喜好仁的人或者憎恶不仁的人都是传说吗？圣人自己都没见过，后面说的不都是废话了吗？"

我自己学习《论语》的时候，也有同样的问题，本章后面的意思能看懂，前面这句实在有点云里雾里，直到后来认真读完《尚书》，才搞明白孔子要表达的真正意思。

从孔子看世界的角度来说，大道只有一条，行道的状态有两种，一种是行仁道，另一种是所行偏离仁道，也就是行不仁。君子对仁道有着与生俱来的喜好，对不仁有着与生俱来的厌恶，这是谁都知道的事情。孔子所说的"好仁者"，是指真正知道行仁的好处，能真正发自内心笃实喜好行仁的人，所以后面才说"无以尚之"。"恶不仁者"并不是泛泛地讨厌，而是对"不仁"深恶痛绝，有唯恐不仁为害，务必要赶尽杀绝的态度，这才是真正能"恶不仁"的人。

孔子说的"未见"指的是未见过这两种人，第一句清楚了，本章后面的意思也就很容易理解了。

"无以尚之"的"尚"字本义是"尊崇"，在这里指"没有比这个更高更尊崇的"，即在行德的标准中，仁是最高规则，没有任何规则高于仁。这个地方可以比照上位法和下位法的关系来理解，学法律的人都知道下位法必须服从上位法，下位法和上位法不一致的时候，以上位法为准。在行德这个体系里，仁就是最高的上位法，其他都必须服从仁道。"好仁者，无以尚之"是指除了仁，没有更高的遵循标准。

"恶"在这个地方读"wù"，表示厌恶，"恶不仁者，其为仁矣，不使不仁者加乎其身"即"能真正憎恶不仁的人，在'行仁'的时候，不会容忍任何不仁加在自己身上"。真正其心好仁的人，自然就能存心于仁而无以复加，能做到真正存仁好仁；真正其心恶不仁的人，自然能如"恶恶臭"一般，遇到不仁的欲念马上遏制或导正。

好仁和恶不仁都是利仁之事，好仁是把仁放在最高位置，万事以仁道为最高标准，这才是真好仁；恶不仁本身不等于仁，能做到"不使不仁者加乎其身"才是仁。

好仁者和恶不仁者都是基于天资禀赋，不是刻意为之的。没有明确的优劣高下之分。如果非要说有高下，恶不仁者难免有些锋芒毕露，容易招人嫌。

一般来说，性格宽厚温和的人偏重好仁，这类人在五常中偏重仁和礼多一些，恻隐之心较多些；性格刚毅的人偏重恶不仁，这类人在五常中偏重义和智多些，羞恶之心较多些。

按照人物举例，颜回、曾子、柳下惠等是好仁的代表；孟子、伯夷、叔齐、程颐等是恶不仁的代表。

"有能一日用其力于仁矣乎"的"仁"指存仁于心，即"存养良知"。存仁于心、存养良知是人人可以做到的，用一天力气有一天的功力。心性功夫是个慢功夫，重点在于持续和不间断，想通过短暂突击来一劳永逸是不现实的。一天虽然不长，但能真正坚持二十四小时不间断也不是一件容易的事情，更何况日复一日年复一年呢？所以圣人有这句反问。

好仁和恶不仁都是成德之事，成德看起来似乎是一件很难的事情，实际上并不是这样。因为仁是每个人与生俱来的，只是常人被私欲遮蔽不肯真正做成德的功夫，才把成德这件事看得很难。

人一旦立志做个真正的君子，就会时刻做存养良知、用力于仁的功夫，凡是仁之所在，都能精以察之而决以守之；凡是不仁之所在，都能精以察之决以去之，既如此又怎么可能做不到成德呢？

所以，人只要真正肯用力就可以，就怕不肯用力，仁是与生俱来的，是自己力所能及的范畴，做不到只是因为私欲遮蔽、怠惰因循不愿用力而已，不是什么力气不足。

孔子说"我未见力不足者"是用一种比较委婉的措辞，责备那些做功夫遇难则止、自暴自弃的人。

"盖有之矣"的"盖"字表示疑问，没有实际意义；"之"字指"肯真正持之以恒用力做功夫的人"。"盖有之矣，我未之见也"即"肯真正持之以恒做存养良知功夫的人，大概有吧，我是没见过的"。

本章前一部分用词比较分明，这个地方缓和一些，表示不能做到也不是完全绝对的，应该存在例外。

《大学》说"诚于中，形于外"，为仁成德之事，其根本在己心之好恶，不能"一日用其力于仁矣"的人，必然是本心被私欲遮蔽，而不是真正的好仁恶不仁。如果己心真能做到好仁恶不仁，日日用力不辍，内外合一只是件水到渠成的事情，这才是真修行，不然就只是个叶公好龙而已。

# （七）

**【原文】**

子曰："人之过也，各于其党。观过，斯知仁矣。"

**【老刘说】**

本章讲的是仁恕之道，不是成德之仁，与本篇首章"里仁为美"的"仁"相比，范畴要小得多。

"过"指无心之失，即心里想把事情做好，但最后的结果不是自己想要的。"人之过"侧重指好心办了糟糕事。如果说"人之恶"，就是指使坏心眼办事了。

"党"是古代地方户籍编制单位，《周礼·大司徒》中说"五家为比，使之相保；五比为闾，使之相受；四闾为族，使之相葬；五族为党，使之相救"，即五百家为一党。生活在同一社会环境里的人，其价值观念、生活习惯、应对事物的方式方法等，都会彼此影响，当地风气会影响生活在其中的每个人。同样，一个人所处的人际关系也会对这个人造成很大的影响。譬如长期生活在盗贼堆里的人，是不太可能树立正常的三观的。

一个人有过，与所处的人际关系、成长环境等是有很大关系的，这是常识。人不能生活在真空中，看到别人有过的时候，要考虑到这个人的人际关系和成长环境等，这样看到的才是真相。

看到有人好心办了糟糕事，要能推己及人、将心比心，充分考虑这个人的具体情况，尽量设身处地去理解，而不是不问青红皂白地责难和降罪，这才是仁者的用心。

"观过"的对象有两个，一个是事，另一个是人。

"观事之过"重点是照镜子，看到别人好心办了糟糕事，要对照自己反思，看自己在处理事情的时候有没有同样的问题，是否有自欺在其中，是否考虑全面，是否目光足够长远，是否兼顾足够全面，等等。譬如看到一个项目经理把项目弄砸了，需要考虑原因究竟是什么。是他过于自信吗？是对自己的业务能力过分高估吗？是在整个团队中的威信不够吗？是缺乏对人性的洞悉和驾驭能力吗……这个角度的"观过"是对自己做事的"照镜子、正衣冠"，让自己在将来应对事情的时候能"有则改之，无则加勉"。

"观人之过"的重点是看到人性的真情流转，这就是"仁"的根本所在。面对"过"的时候，容易见到真情所在。譬如《汉书·外戚列传》："子路丧姊，期而不除，孔子非之。子路曰：'由不幸寡兄，弟不忍除之。'"（子路的姐姐去世了，已经过了服丧的时间，但是子路仍然穿着丧服不肯脱下。孔子表示不赞成,说:"为什么不除去丧服呢?"子路说:"我非常不幸,缺少兄弟,现在姐姐去世了,不忍心除去丧服。")这就是观过知仁。

好心办糟糕事的根本原因是不好学,儒学是开智之学,学得越好处理具体事情的能力越强,儒家修齐治平,要能"上马击狂胡,下马草军书",不能只会"无事袖手谈心性,临危一死报君王",所以治世只是儒者本分而已。儒家五常"仁、义、礼、智、信",缺了"智"字其他几个就落不了地,都是空中楼阁了,诚意观他人之过,正是增自己"智"的过程。

本章是从"仁"的角度观过的,如果从"义"的角度观过,看到的就是人有过的原因,即君子过于公,小人过于私;君子过于廉,小人过于贪;君子过于严,小人过于纵……也就知道了"义"是什么。这点要注意。

# (八)

## 【原文】

子曰:"朝闻道,夕死可矣。"

## 【老刘说】

本章是讲通达仁道的重要性。

"闻道"用最通俗的话说,就是活明白了,知道"我是谁"的答案了。人生一世,生老病死这些事情属于人力不可及的范畴,不是我们自己能左右的,上天赋予自己一次生命,如果一辈子都没活明白,每天浑浑噩噩地混日子,一切跟着感觉走,纵然能活百年,亦是虚度。

《中庸》里说"天命之谓性,率性之谓道,修道之谓教",把上天赋予人的性彰显出来,才是一个真正意义上的人;率性回归的"道"就是"仁道",天地对人最大的教化就是引导人行于仁道之中。所以,仁道是人之所以为人的根本大道,人能居仁道而行,洞悉天命之性,寻找到"我是谁"的答案,就是闻道。

生，人之所重；死，人之所忌。闻道者同样不能长生不死，只是看清楚了生死的本质，能生得其所。所以，真正能闻道者必然能乐天知命，生顺死安，死而无憾。

人总是要死的，死是不可预知的，正因时时都可能会死，所以才急于求道，否则生而为人却不知为人之道，岂不枉活此生？

对于普通人来说，"道"是眼前事物的当然之理，落脚点就在五伦关系中。在具体人生中笃信且亲身践行，才算是"闻道"，道听途说并不是真正的"闻道"，能真正"闻道"的人，无论面对大小事情，都可以安然处之，对待富贵、贫贱、荣辱，皆可素位而行，生命历程中无"后悔"二字，坦坦荡荡，时时刻刻清楚自己在做什么，也知道自己要面对什么，随时随处皆可安然处之，生死亦不扰动本心，这才是真正的"此心光明，亦复何言"。

> "朝闻道，夕死可矣"是个假设句。如果早上得知了道，那么，晚上即使死了也没有什么关系。这句的重点在于强调闻道的重要性，不是说晚上非得死了不可。

# （九）

## 【原文】

子曰："士志于道，而耻恶衣恶食者，未足与议也。"

## 【老刘说】

"士"指四民之一的"士"，"古者有四民：有士民，有商民，有农民，有工民。""士"为四民之首，士不种地、不做工、不经商，是靠学问立足于社会的，所以《汉书》说："学以居位曰士。"《礼记》说士"夙夜强学以待问"，"夙夜强学"是指刻苦学习的态度；"待问"指士能时刻等待上天给予自己施展抱负的机会。士要有抱负和担当，曾子说："士不可以不弘毅，任重而道远。仁以为己任，不亦重乎？死而后已，不亦远乎？"

儒家的教学目的是使所学者先明道而后能行道，不是教人如何获得功名利禄，一个合格的士首要追求的目标应该是"率性之谓道"，是天道求无，不是人道求有；是心所欲，不是身所欲。

圣人教人必先教其志于道，即以道存心，在这个前提下再谈建功立业，为个人谋安富尊荣，这个顺序是不能改变的。

"而耻恶衣恶食者"的"耻"是"以……为耻"的意思；"恶"指"不好、品质很差"；"耻恶衣恶食者"即对衣食住行所用器物和装饰层面的东西非常在意，以没有好器物使用、没有美食吃为耻。

真正能志于大道者，追求的是形而上的层面，如果眼睛还紧盯着形而下，说明追求还处在具体功名利禄层面，这种人所说的追求大道只是叶公好龙而已，说得再热闹也不是真心立志于道。

这种人心不干净，把圣学当成实现个人私欲的成功学，心中龌龊渣滓颇多。对于这种人，孔子的态度很明确，"未足与议也"，和这种人谈"志于道"纯粹是浪费时间和精力，毫无必要。

# （十）

## 【原文】

子曰："君子之于天下也，无适也，无莫也，义之与比。"

## 【老刘说】

《里仁篇》主要是论仁，仁义是一体的，不可分割，仁义是天理在人性一端的彰显，是人情世事的正道。

孟子曰："恻隐之心，仁之端也；羞恶（wù）之心，义之端也。""恻"即伤之切；"隐"即痛之深；"恻隐之心"即人饥己饥、人溺己溺的爱心，也就是不忍人之心。"羞"是以己之不善为耻；"恶"是对他人之不善的厌恶；"羞恶之心"是消除不善欲望，不让恶念蒙蔽本性而昧于事理之真，也就是通常说的不昧良心。

从心的角度来说，"仁"侧重于"人之情"；"义"侧重于"事之理"。从应对事情的角度来说，"仁"侧重于发心动念，"义"侧重于具体行为是否合宜，二者是一条线顺下来的。

"君子之于天下"即"君子对于天下事"；"适"指对某件事情一定要怎样做；"莫"指对某件事情一定不要怎样做。本章的意思是说，君子对于天下事，既不是一定要做，也不是一定不做，做不做的标准是"义之与比"，即"做不做、怎么做，以是否合宜为原则"。

本章孔子强调，君子应对人情事变不可先入为主，应当随事顺应，不可先有意必之心夹杂其中。比如面对一件具体的事情，心里先有个一定要做的想法，这就是"适"，这样很容易犯轻率妄为的错误；对于这件事情，心里先有个一定不做的想法，这就是"莫"，这样就很容易犯迟滞不前的错误。

君子为人处世应该明心悉理，不先入为主，具体情况具体分析，合宜的就做，不合宜的就停，不轻易下结论，只是"唯义是从"的从容应对。

# （十一）

【原文】

子曰："君子怀德，小人怀土；君子怀刑，小人怀惠。"

【老刘说】

本章是说君子和小人心所安之处是不同的。"怀"本义是念念不忘，这里指心所安之处。

"君子怀德，小人怀土"中的"德"和"土"相对，二者是个"本末"

关系。

"土"是地利,《大学》说:"有土此有财,有财此有用",因为土地可以通过耕种获利,所以"土"引申为有利可图的处所,小人追求的是具体利益,能源源不断获取利益的地方,就是小人的心安之处。譬如小人在一个执掌权柄方便自己谋取私利的地方,想让小人换个地方,他是万万不愿意的。驾驭能持续获利的地方,需要德能配位,德不配位是没办法长期驾驭的,小人不重立德,就算"行险以侥幸"暂时拥有也是没办法长久的,甚至会因此招致灾祸,即"金玉满堂,莫之能守;富贵而骄,自遗其咎"。

君子追求的是"明明德",非常清楚"德者,本也;财者,末也",德是根本所在,财富等要放在德的后面,本立而道生,本固而末荣,只要有德能立于世,地利财富之类自然会随之而来。

这个地方注意,学圣人之学不能非黑即白,君子眼中德和财只是排序有先后,并不是二选一的取舍关系,所以孔子说:"富而可求也,虽执鞭之士,吾亦为之。"

"君子怀刑,小人怀惠"是从行动区分君子和小人的所安之处。"刑"和"惠"是相对应的,"惠"字很容易理解,指财利、恩惠等,也就是老百姓说的实惠。

"刑"字要展开仔细说一下,这样才能真正理解"君子怀刑"的意思。"刑"字要从《周易》的噬嗑卦来理解,"噬嗑,食也",食物入口要先咬断咀嚼,然后才能咽下去,不咬断咀嚼直接吞很容易噎死人。《周易·系辞下》说:"日中为市,致天下之民,聚天下之货,交易而退,各得其所,盖取诸《噬嗑》。"大家中午赶集,人们纷纷把自己多余的货物集中到集市上进行交易。种地人用手中多余的粮食换回其他自己生产不了的东西,手工艺者用自己制造的商品换粮食吃,等等,每个人都得到了自己想要的东西。但交易中难免会有各种纠纷出现,这个时候就需要有合理的法规制度来主持公道,处理诉讼,维持交易秩序。只有井然有序,社会运转才能健康、和谐、稳定、长久,这就是噬嗑卦的由来。噬嗑卦卦辞说:"'噬嗑,亨。利用狱。"说

"利用狱"而不说"利用刑"，是因为"利用狱"指司法，"利用刑"指执法，司法是定大方向大原则，执法是具体操作层面。

圣人治世制定司法制度，从根本上是遵循合道循理的原则，法律的目的是维护公序良俗，执法不是为了惩戒而惩戒，而是为了惩前毖后。所以，"刑"是指对完全偏离天理，破坏公序良俗行为的惩戒和处罚。有德君子，内修仁德，外以礼检身，有非礼之举况且羞愧难当，更何况做出完全偏离天理，破坏公序良俗的行为呢？

"君子怀刑"指的是君子时刻反求诸己，发自内心地"恶不善"，不使不善之事加身，当然不会因为自己行为不检而完全偏离正道，以致触犯刑法。

> 这个地方不要理解得太教条，本章的"刑"指符合圣人治世循天理而行所制定的法律法规，而不是指所有不同出处的法律法规。打个比方，面对异族入侵，视吾族如草芥的恶法，作为君子当然要奋起抗争，甚至殒身卫道。处于这种时位，违法者为铮铮铁骨之君子，守法者反而是懦弱无能的小人。

君子和小人趋向不同，君子公心，终日所思只是进德修业；小人私心，终日所思只是求田问舍。俗语说："杀头的生意有人做，亏本的生意没有人做"，说的就是这个道理。

# （十二）

**【原文】**

子曰："放于利而行，多怨。"

**【老刘说】**

本章承接上章，做人做事如果只是"放于利而行"，就不可能"居仁由义"，这是小人的行为，也就是上一章说的"小人怀惠"。

"放于利而行"的"放",《说文解字》解释说:"放,逐也",在这里是"追逐,依照"的意思。做事能以符合仁义为首要标准,事事妥当合宜,处事公平,别人自然就心服口服。如果处处夹带为自己谋利的私心在其中,在行为上,凡是对自己有利的事物,都想占为己有,这就是"放于利而行"。"多怨"的"怨"指"取怨之道"。

本章直译为:凡行事都以取利为目的,以是否有财利来计算,是取怨之道,难免招致别人的怨恨。

功名利禄,人人都喜欢,这是无可厚非的,但君子爱财取之有道。如果把图谋一己私利放在首位,必然会违背仁义的大原则,这就是取之无道了,招致灾祸是在所难免的。

《大学》说:"仁者以财发身,不仁者以身发财",朱子注释:"仁者散财以得民,不仁者亡身以殖货"。钱财利益只是用世的手段和载体,一个人做事以仁义为最高标准,财散人聚是极其正常的事情,这是"以财发身";不仁的人,冒着杀身之祸来积累财富,这叫"以身发财"。

从治世的角度来说,上位者如果舍仁义而以利为价值标准行事,就会导致大环境恶化,有利朝前、无利朝后的逐利之风蔓延开来,后果会非常严重。君杀其臣、臣弑其君,父遗其子、子弃其父,上虐其民、民犯其上,等等,这些事情就会恶性循环,没有办法禁止,最后结果就是整个社会秩序崩坏,波及开来,谁也无法独善其身。

从个人用世角度来说,追求"利为先"而不是"德为先"有两种结果:一种是不顾仁义而得利,必然会损人利己,被损害的人必然会心有怨恨,越贪图私利越损人,招人之怨就越多;另一种是不顾仁义而失利,必然会心生不满,自怨自恼,怨天尤人,怨心起而是非生,怨气集而祸害起,招致灾祸是早晚的事情。上至天子下至庶人莫不如此。

谋利的人是为了身家,如果招致很多怨恨,灾祸随之而来,结果就是害身毁家,从这个角度来说,"放于利而行"显然不是保全身家之道!

# （十三）

## 【原文】

子曰："能以礼让为国乎？何有？不能以礼让为国，如礼何？"

## 【老刘说】

制定礼仪礼节，是圣人治世的化民成俗之道，"让"是"行礼之实"。本章是说治国中礼的表里虚实之理。

"礼让"是在具体行为中的表现。比如上下关系中，上位者不骄慢，下位者不僭越，彼此关系自然相安，这是上下关系的礼让；在父子关系中，父慈子孝，真情实意，情意自然融洽，这是父子间的礼让。

"能以礼让为国乎"的"为"是"治"的意思，"为国"即"治国"。"何有"即"有何难呢"，"如礼何"即"要这个'礼'有什么用呢"。

本章直译为：孔子说："若能以礼让来治国，治国有什么难呢？如果不能以礼让来治国，只是虚有个礼的表象，要这个礼有什么用呢？"

礼是交互关系，所以，礼的本质是让，治国中，上下有敬才能和，这是基本常识。上位者如果想当然地觉得"礼＝以下尊上"，就会忽略"礼"的本质是个交互关系，只强调一方面的道理，就会偏离正道。人君治国，只依仗严刑峻法是行不通的，必须以礼让为先。通过礼节礼仪可以分辨上下左右的关系，以各种具体行为规范作为表现形式。然而，礼必须是从恭敬谦逊的真心生发出来才有意义。

从治国的体用关系来说，修仁德为体，礼让为用。仁爱之心是"天命之谓性"，是与生俱来的，仁德的人心中有仁方能律己让人，心中有爱，自然能恭敬和顺待人。不仁的人，心都在专务自私上，有利就热情洋溢谄媚多礼，无利就冷若冰霜傲慢无礼，就算有礼制节制，礼节礼仪做得也是心不甘情不愿，又怎么可能常葆恭敬、和顺之心呢？

"让"是"礼之实"，也就是孟子四端中的"辞让之心，礼之端也"。辞让之端是发于本心的诚然，姿势、流程、仪式等做得再完美，也只是演戏，演得再完美也是假的，毫无实际意义。

我们的文化中，道理是两面讲的，《礼记·礼运》说："父慈、子孝、兄良、弟悌、夫义、妇听、长惠、幼顺、君仁、臣忠十者，谓之人义。讲信修睦，谓之人利。争夺相杀，谓之人患。"礼是人际互动的范畴，礼节礼仪至少是两方参与的，祭祀之礼是"祭神如神在"，也是符合至少两方参与的。

如果人君治国能礼让为先，自己能以身作则，凡所行的礼都出于恭敬谦逊之实，礼的作用就能得到彰显，诚意感人教化天下，官员百姓等自然都能安分循理，自发自觉地恭敬谦逊，公序良俗必然得以彰显，治国又有什么难的呢？相反，如果人君不能发自内心地礼让，那么所做出来的礼，就只是空有其表，内里没有恭敬谦逊的真心，就失去了制定礼仪礼节的根本，就算礼的表现形式再完美，也是毫无用处的。

# （十四）

**【原文】**

子曰："不患无位，患所以立。不患莫己知，求为可知也。"

**【老刘说】**

"不患无位"的"患"字是"忧患"的意思，"不患无位"的"位"字，在《说文解字》中是这样解释的，"列中廷之左右，谓之位"。古代称臣见君为朝，君见臣为会，合称朝会。朝会的时候君王面南背北，群臣两边列位，左边是孤卿大夫位，右边是公侯伯子男位。"中廷之左右"指在朝会上有位置的人。"位"在这里引申指职位，也可泛指地位、位置等。

君子立于世间，时运有顺有逆，只要有德，即便时运不济得不到位置也没关系，只要韬光养晦、苦撑待变即可，一旦时来运转，有德才自然能得到发挥自己德才的位置，以此不难有建功立业的机会。"不患无位"即"不担忧没有位置"。

"患所以立"的"所"和介词"以"组成"所以"短语，在这里表示"用什么"，"立"指具备胜任该位置的能力，"患所以立"即担忧用什么立起来，也就是拿什么与自己所处的位置相匹配。"不患无位，患所以立"用大白话说，就是"不怕没官做，就怕给官位自己做不来；不怕别人不给自己位置，怕的是给自己位置自己胜任不了"。

> 儒家讲"三不朽"指立德、立功、立言，即心依于仁而行，立德指能修仁德而成表率，立功指行仁义而有功于社稷，立言指传仁义之言而有益于世人。

"不患莫己知，求为可知也"这句与《学而篇》的"人不知，而不愠，不亦君子乎"相呼应，也是讲君子用世"不求诸人，反求诸己"。君子不担忧天下没人了解自己，而担忧自己拥有的是否值得别人了解。"可知"的前提是有实实在在值得别人追求的内容在，否则别人被一个空壳吸引过来，却发现里面根本没有值得自己了解的内容，就会转身离去，这才是君子该担忧的事情。

天下的事情有两部分，一部分是人力可及的，另一部分是人力不可及的，人力不可及的事情没有什么好担忧的，因为担忧也没用。比如想走仕途的人常常担忧自己不能获得官位，但自己能否获得官位是上位者要决定的事情，不是自己担忧就能改变的。君子很清楚自己真正追求的是什么，别人不重用自己是别人的责任，而不是自己的责任，君子只会遵循天理做好自己的本分，不会担忧是否有官做。

在其位却不能做到德才配位，就算侥幸得到这个位置，却做不好自己的职责本分，上不能致君，下不能泽民，这才是君子担忧的事情。只有如此才是君子儒，如果把追求官位或者名气当成自己行于世间的首要目的，就是小人儒了。

# （十五）

## 【原文】

子曰："参（shēn）乎！吾道一以贯之。"曾子曰："唯。"

子出：门人问曰："何谓也？"曾子曰："夫子之道，忠恕而已矣。"

## 【老刘说】

曾子名参，"参乎"是孔子直呼其名，表示后面有话要说。

"一以贯之"的"贯"字，《说文解字》说："钱贝之贯。从毌、贝。""贯"本义为古代穿钱的绳索（把方孔钱穿在绳子上，每一千个为一贯），引申为"穿，通，连"。"贯"在这里可以理解成"按照一条线顺下来"。比如在填写个人简历的时候，有"籍贯"一栏，公民的籍贯应为本人出生时祖父的居住地（户口所在地）；无法确定祖父的户籍所在地的，随父亲现在的户籍所在地；父亲现在户籍所在地亦无法确定的，按本人出生时的户籍所在地。由此可见，"籍贯"要求填写的内容是按照"从一条线顺下来"反向溯源的"籍"。

"吾道"指孔子所行之道，即儒家之道；"吾道一以贯之"即"我所行之道是用一理以统天下万事万物之理，是一条线顺下来的"。曾子回答说"唯"，表示老师说的自己已经完全懂了，不需要再问。

曾子天资迟钝，对圣人之言，件件躬行践履，行孝道就一丝不苟地笃实行孝，为人谋就一丝不苟地忠，与朋友交往就一丝不苟地信，一点点辛苦积累，只是缺一条把这些积累串起来的绳子，孔子这句"一以贯之"就是曾子要找的绳子。所以圣人说的"一以贯之"是针对曾子而言，有个因材施教的意思在其中。

打个比方帮助理解，古代的木桶，是用铁箍把一片片的木头片箍起来，桶就能装水了。曾子性格敦厚笃实，凡是圣人说过的道理，都会尽心谨慎体认践行，相当于曾子现在有很多加工好的木头片，孔子说"一以贯之"就是给他做木桶用的铁箍，曾子有了铁箍就可以把自己加工好的散木头片箍起来，一个能盛水的木桶就做好了。

但对别人来说，如果之前没有积累足够多加工好的木头片，即便有人给个铁箍也是做不出能装水的水桶的。很多人说"一以贯之"，却没有像曾子一样件件笃实躬行践履地去积累，只是一本正经地空说，实在是很可笑。

> 在《论语·卫灵公》中，孔子对子贡说："非也，予一以贯之。"两处的"一以贯之"是有区别的，本章是圣人从源头上说，是以上临下的角度；《论语·卫灵公》的"一以贯之"是从下向上的角度，这点要注意。

注意：清儒对儒家典籍的解读阉割掉了儒家的根本精神，将本章的"贯"解释成"行事"的意思，刻意回避"心"字，这明显是违背圣人本意的。清朝有种怪现象，坚决拥护真正儒家精神的会掉脑袋，公开反对真正儒家精神的也会掉脑袋。最后的结果就是，对儒学留其形体灭其精神的朴学大行其道。

"子出"即孔子离开这个地方，出去了。

关于"门人"的解释有分歧，有的说"门人"指曾子的弟子，有的说"门人"指孔子的弟子，也就是曾子的同门。个人认为"门人"应该指后者，理由有两个：

第一，《论语》中孔子弟子皆称门人，按照惯例推，此处应该也不例外；

第二，孔子对曾子的评价是"参也鲁"，在孔子眼中，曾子属于天资悟性迟钝的类型，远没有颜回的悟性好；而且，孔子的弟子中曾子年龄最小，圣人去世的时候，曾子年仅二十六岁，还不足而立之年，按照常理推，这段对话发生的时候，曾子应该年纪更小，还不太可能有弟子。

"何谓也"的"也"通"邪"，在这里表示疑问。孔子的弟子们听到二人对话，没理解其中意思，等孔子离开了，就向曾子询问老师的话究竟是什么意思。

对于其他门人的问题，曾子说："先生之道，只是忠、恕两个字而已。"

"夫子之道，忠恕而已"是从曾子的角度阐述自己理解的儒家之道，尽己无私为忠，推己及人为恕。人心是相通的，自己心中厌恶的和别人心中厌恶的是差不多的，"己所不欲，勿施于人"就是"恕"的具体表现。

忠和恕二者是体用本末的关系，君子诚意不自欺，主于内为忠，彰显在外为恕，二者如影随形。从"心即理"的角度来说，"一以贯之"就是以一心应万事，"忠恕"是"一贯"的注脚，"一"对应"忠"，"贯"对应"恕"，"恕"是从"忠"发出的，所以能贯通万物。从《中庸》中"诚者，天之道也；诚之者，人之道也"的角度理解，"忠"对应天道，"恕"对应人道；"忠"是"天命之谓性"的范畴，"恕"是应对人情事变的范畴。

在入世治世的具体应对中，能推己及人，就能物我贯通，自然有个生生无穷的意思在；不能推己及人，就会物我隔绝，只想着如何对自己有利，不管别人死活，就是损人利己，这与天理是背道而驰的，长此以往，招致灾祸只是早晚的事情。

注意，这个地方不能把"一以贯之"理解成"万物得一以生"，那样就偏离圣人本意了。

# （十六）

## 【原文】

子曰："君子喻于义，小人喻于利。"

## 【老刘说】

"喻"字本义是"说明、告知"的意思，在这里是"知晓、知道"的意思。成语"家喻户晓"的意思就是家家户户都知晓，形容人所共知。

"君子喻于义"的"义"指"合宜、妥当"，君子用世，应对人情事变首先从是否合宜妥当考虑，将其作为最高的是非判断标准；"小人喻于利"的"利"不仅仅是钱财，包括一切对自己有利的范畴。小人面对同样情况的时候，首先考虑的是自己的私利，把是否利己放在是非判断的首要位置。本章是从义和利的角度区分君子和小人的。

比如走路看到一个钱包，君子会首先考虑这个钱包是别人的东西，不能妄取；小人看到钱包首先考虑这里面有多少钱，先拿了再说。

义和利是一件事的两个面，妥当和利益都是要考虑的范畴，哪一个放在前面决定了是君子还是小人，君子先看是否妥当，再考虑利益，这是"喻于义"；小人先看是否利己，再考虑妥当，这是"喻于利"。

"君子喻于义"本质上是智慧的体现，对于利益，该拿的就拿，不该拿的一毫不动，所行与天地准，这样就可以最大限度地避免不好的事情发生。

"小人喻于利"是目光短浅的体现，利有两种，一种符合天理，一种不符合天理。小人取合天理的利益时，在事情上看是没有不妥当的，但自己已有逐私欲的存心在其中，私欲积累遮蔽良知，是隐藏的祸患。譬如你手执权柄，有人来送礼，你刚开始是不敢拿的，后来可拿可不拿的也拿了，再后来不该拿的也拿了，贪欲如野兽，一旦放出笼子再想将其关回去就难了，最后的结果也就不言而喻了。

取不合天理的利益时，别人难免心有怨恨，怨恨的积累必然会给自己招致灾祸。《周易》说"积善之家，必有余庆；积不善之家，必有余殃"，正是这个道理。

从治世角度来说，处于治世位置的君子，处理事情首先应该从是否合理妥当来考虑，而不能首先考虑具体利益得失。

治世的对象是普通大众，这些人处理事情首先考虑的往往是自身的具体利益，也就是说普通大众一般都是以利益为导向，作为治世之人，应该知道这个基本常识。

另外，宋朝大儒陆九渊在白鹿洞讲本章时说："人之所喻，由其所习，所习由其所志"，即人的立志决定了人会学习什么，学习什么就会决定一个人的价值观是什么。君子立志是仁义，求的是"无"，所以会把是否合天理放在首位；小人立志是功利，求的是"有"，所以会把是否利己放在首位。

# （十七）

**【原文】**

子曰："见贤思齐焉，见不贤而内自省也。"

**【老刘说】**

"贤"指贤人，《中庸》云："义者，宜也，尊贤为大。"义是由内心之仁自然生发出来的，所以贤人对内能行于仁道，真正知晓事理，这是有德；对外能做到临事有办法，处事妥当合宜，这是有才。德才兼备者才可以称为贤人。"齐"字本义是谷穗整齐，引申义是达到同样的高度或长度，"齐"在这里是"与之齐"的意思。

君子修身，时刻不忘初心砥砺前行，见到有德有才的贤人，必然心生羡慕，仅仅羡慕是不够的，要有奋发向上与之相齐之心，这就是"见贤思齐"。

"不贤"指不贤之人；"省"指省察克治。见到不贤的人，对其不贤之处心里必然会有厌恶，仅仅有厌恶是不够的，要扪心自问自己是否也有同样的问题，有则改之，无则诫之，这是"见不贤而内自省也"。

见到别人的贤处，要对照寻找自己的贤处；见到别人的不贤处，要对照深挖自己是否有同样的不贤端倪。如果见到贤人就心有忌惮，见到不贤之人就讥讽轻慢，这反而会损害自己的进德之路。读此章要举一反三，不仅与人相处如此，读史亦是如此，见古人之贤要有个思齐之心，见古人之不贤要有个内求自省之心。时刻不忘二者，就会更有进境。"见贤思齐"是心性功夫进阶之路；"见不贤而内自省"是心性功夫不退步的保证。君子成德须二者并重。本章可以与后面《述而篇》第二十一章参照学习。

从同道印证角度来说，君子与人相处，无论对方贤与不贤都能从中受益，这正是"以人为鉴"的真谛。"鉴"即照镜子，照镜子是为了正衣冠，不是为了和镜子争谁更高明，因此，"以人为鉴"的重点是自己是否因此有进境，而不是非要和镜子争个对错高下。儒家心性功夫是个纯粹内求的事情，同道彼此印证心性功夫的时候，就相当于彼此做对方的镜子帮助对方正衣冠，这个时候很忌讳摆出一副"镜子成精"的架势，非要逼着别人按照自己认为正确的方式正衣冠，这样做非但对自己的进境毫无帮助，反而会助长好名私欲。

# （十八）

**【原文】**

子曰："事父母几谏，见志不从，又敬不违，劳而不怨。"

**【老刘说】**

本章和后面三章都是讲如何尽孝和侍奉父母的。

"几谏"的"几"是"隐微委婉"的意思；"谏，犹正也。以道正人行"，"谏"字本义是对尊长进行劝诫，并提出针对性的方法和策略。"几谏"是在父母有过的时候，用隐微委婉的方式来劝谏父母。

"几谏"的重点是态度要好，不能简单粗暴，言语顶撞。具体有三个要素，即下气、怡色、柔声。

下气指做儿女要有做儿女的样子，对待父母时守好自己的本分，时刻保持以下尊上，说话态度要谦卑恭顺，这是下气；怡色指对待父母要和颜悦色，不能疾言厉色；柔声指说话语音语调要柔和婉悦。下气、怡色、柔声这三点，不光是在"几谏"的时候要做到，在平常生活中也是要做到的。

"事父母几谏"即子女奉事父母，如果父母有过应当进行劝诫，并提出针对性的方法和策略，但劝谏的时候要注意态度和方式方法，要先有个爱父母的心在前面。

"见（jiàn）志不从"的"志"，指子女的志，"见志"即子女表明自己的立场和见解，把其中的利弊得失陈述出来。子女劝谏父母是自表己志，不是和父母争谁对谁错，这点要非常注意。如果父母不接受劝谏，要坚持"又敬不违，劳而不怨"。

"又敬不违"指态度始终有个"敬"字在，不因为父母不接受自己的劝谏就态度不好，时刻注意自己的行为言语，避免因为自己心里着急而触怒父母。"不违"有两个方面：一方面要不违逆父母，触怒父母只会让事情更难处理，甚至走向相反的方向，所以劝谏要尽力避免激化事态；另一方面要不违背自己的初心，坚持劝谏的心不变，从爱父母的心出发，既不唐突触怒父母，又尽力置父母于无过之地，这正是孝子的深爱所在。

"劳"的本义是费力、劳苦，在这里指担忧、操劳。劝谏是非常辛苦且不容易见到功效的事情，很容易费力不讨好，特别是以下劝上的时候。为人子女遇到父母有过失，应当劝谏。如果子女见父母不听从劝谏，因担心违逆触怒父母就停止劝谏，是不对的；劝谏父母的时候方式方法没有把握好，以至于违逆触怒父母，让事情变得更加糟糕，也是不对的。劝谏的时候必须和颜悦色，下气柔声，秉持以柔克刚的水磨工夫。要么借着父母烦忧的时机说明其中道理，达到劝谏的目的；要么趁着父母喜悦开心的时机动之以情，达到劝谏的目的，务必让父母乐而从之。如果父母不听从劝谏，子女的态度要更加敬谨，不能激化矛盾，让事情变得更加糟糕。

父母不听从劝谏，并因此嗔怪责备自己，甚至对自己的好心各种尖刻歪曲等，做子女的也不能因此就心怀怨恨，要摆正自己的位置，把爱父母的心放在前面，坚持不懈地开导，时间长了，父母就会幡然醒悟，这样劝谏的目的就达到了。

由此可见，劝谏是一件非常辛劳的事情，中间种种不易，君子当尽力服其勤，不得心有怨恨。

注意：在历史上，有个打倒孔家店的阶段，一些文盲把"天下无不是的父母"这句话作为罪状，硬安在儒家头上。实际上，在历代儒家典籍中是没有这句话的，这句话和本章显然是互相矛盾的。

"天下无不是的父母"这句话出自一本叫《格言联璧》的集子，作者是清朝的金缨，这本集子将流传于世的格言，分为学问、存养、持躬、摄生、敦品、处事、接物、齐家、从政、惠吉、悖凶11类，这句话在齐家类，原文是

"天下无不是的父母，人生最难得者兄弟"。

显然，这不是真正儒学的内容，距离儒家思想已经十万八千里远了，这么说话的目的，无非是把人忽悠成单细胞生物。真正的聪明人，对这种东西是不值一哂的，心智不够的人才会把它当回事。

# （十九）

## 【原文】

子曰："父母在，不远游，游必有方。"

## 【老刘说】

"远游"指离家在外的游学、游宦等，也就是去远方从师、求学、谋生等，这些事情都需要长期离家在外。"父母在，不远游"指父母爱子女无所不至，做儿女的要体谅父母之心，父母健在时，在堂前尽孝是为人子女的本分，尽量不要长期离家在外。

如果有不得已的远游，要坚持"游必有方"的原则。"方"在这里指明确的地方。古时交通不便，有明确的地方才可以通音信，毕竟儿行千里母担忧，如果音信皆无，父母在家里难免担忧牵挂，甚至有急事也找不到人，这显然是有违人子之道的。现代社会虽然科技发达，能天涯若比邻，但儿女长期离家在外也应该经常和父母保持联系，让父母心安，有事情随时能找到自己。

尽孝要先有个推己及人的心在，不让父母为自己牵肠挂肚、担惊受怕，就是尽孝的基本体现，所以古代的孝子爱惜自己的身体，不做危险和纵肆逸乐的事情，出必告，返必面，无非是让父母心安。

很多现代人读本章的时候，会肤浅地认为圣人迂腐，反对年轻人离家求学问、谋事业，这是不对的。孔子要表达的是子女要能体会父母的思念和挂念之情，常常向父母汇报自己的情况，让父母安心放心，这是为人儿女最基本的孝行。古文言简意赅，其意需要从整体去体会，不能居今笑古轻薄自大。

# （二十）

## 【原文】

子曰："三年无改于父之道，可谓孝矣。"

## 【老刘说】

本章内容在《学而篇》第十一章出现过，放在这里应该是承接上一章的"游必有方"。《学而篇》的"三年"侧重指父亲去世以后，本章的"三年"侧重指长期离家在外，父亲不在身边。

父亲不在自己身边，儿子必须自己拿主意，自己决定自己干什么；而父亲在身边的时候，儿子做事都听从父亲的，自己是没有多少自主权的。父亲长期不在自己身边，能"无改于父之道"，是因为对父母的爱心、孝心深系于怀。

# （二十一）

## 【原文】

子曰："父母之年，不可不知也。一则以喜，一则以惧。"

## 【老刘说】

"父母之年"的"年"指年岁，从为人子女的角度，父母的年岁是必须念兹在兹、常记在心的，不可以不知道。"不可不知也"的重点是时刻不忘，孔子这么说是提醒为人子女的人，对父母的尽孝不能觉得时间还有很多而掉以轻心，应当时时刻刻提起孝心，这才算是真孝。

特别是当父母年事已高的时候，子女更要时时挂念在心。人的寿元长短不一，生老病死皆由天定，不是人力能左右的。父母在世，为人子女才有承欢膝下的机会，天伦之乐是难得之乐，岂有不喜？然而，随着岁月流逝，父母日渐衰迈，风烛残年，来日无多，不知道什么时候就会去世，为人子女心里又怎么能不担忧呢？

喜父母高寿健在，是爱之深；惧父母寿高衰老，是忧之切。二者是一件事情的两面，喜惧并发，时常记念在心，就是爱之诚，以此诚意侍奉父母，就是孝的真谛所在，所以说"父母之年，不可不知也"。

本章和之前三章都是讲孝的，孝道即仁道，孝心即仁心。没有人心之仁，是谈不上孝的；真切笃实地爱父母，这样的孝心才能推而广之，所以《礼记·祭义》中说"立爱自亲始"。

# （二十二）

## 【原文】

子曰："古者言之不出，耻躬之不逮也。"

## 【老刘说】

"古者"指古之学者，"出"字是"发出、发言"的意思。"古者言之不出"指古人不轻易出言，不会乱讲话，更不会说空话。此处是警诫当今为学者。人的言行应该一致，古时君子沉静简默、说到做到，所以不会轻易出言。从为学角度来说，志在躬行，说忠就要真真切切地做到尽忠，说孝就要真真切切地做到尽孝，说出去的句句言语都能做到有具体落实之处，心才能安。

"耻躬之不逮"的"耻"是"以……为耻"；"躬"在这里作动词用，指"身体力行、亲身实行"；"之"指代前面的"言"；"逮"是"赶上，及，到"的意思，"不逮"就是"不及，赶不上，没做到，不能同步"的意思。"耻躬之不逮"即"以行不及言，轻诺寡信这样的事情为耻"。

说了却做不到，就是行不及言。对君子来说，轻诺寡信是一件很丢脸的事情，古时君子深以为耻，所以慎于言而不轻出。现在的人浮华的毛病比较严重，具体表现就是轻诺寡信，信口胡说。

言而有信是君子为人处世的基本原则，轻易许诺却不能做到，必然会招人耻笑，一来笑其言而无信，二来笑其大话连篇。孔子说"讷于言而敏于行"，做不到，就不说；说了，就要做到，这是赢得别人尊重最基本的原则。

本章重点是一个"耻"字，人无羞耻之心，就会轻诺寡信，一分做不到，也敢信口胡说到十分。轻诺寡信本质上是缺乏羞耻之心，不以言而无信为耻。如果真的把这个"耻"字放在首位，自然就能做到言行一致，不会言而无信。

# （二十三）

## 【原文】

子曰："以约失之者鲜矣。"

## 【老刘说】

《说文解字》说："约，缠束也。从糸、勺声。""约"字本义是"拘束、限制"，在这里是"收敛不放肆"的意思。

"失"字有两种解释，一种是按照形声字释义，表示从手中丢失，本义为"失掉，丢失"；另一种是按照会意字释义，"失"与"矢"是一对关系字，"矢"指飞向目标的箭，"失"指没有飞向目标的箭，引申义为"偏离目标、错过目标"等。

"鲜"在这个地方读"xiǎn"，《尔雅·释诂》中说："鲜，罕也"，"鲜"字在这里是"少，非常有限"的意思，"鲜为人知"中的"鲜"也是同样的意思。

孔子说："为人能收敛不放肆，就很少会有过失。"

人行世间立身行己，只要时时注意收敛不放肆，就不太容易有过失，更不太会招惹灾祸上身。收敛不放肆本质上是心有敬畏的不僭越，对规矩准绳等不会因心有轻慢而肆意践踏，特别是处于治世的位置上，对此更要时时注意。

从言行角度来说，谨言慎行都是约，能谨言就不致祸从口出，能慎行就不致因为傲慢放纵而招致灾祸；从日常用度的角度来说，当用则用，不当用则不用，奢侈无益的事情不做，就不会因伤财害民而招致怨恨；从修身角度来说，能时刻"约之以礼"就不至于有逸乐、非礼的事情发生，更不会有丧志而败德的严重后果。

从治世的角度来说，治世者能心有敬畏收敛不放肆，就能时刻自我检束，制事制心都能"约之以礼"。从具体操作的角度来说，治世的所有决策政令等，都要考虑实际成本，不该做的事情不做，不该动兵的时候尽量不动兵，奢侈无益的事情不做，这样的治世者纵然无显赫的事功，但一定不会有什么大的过失。

# （二十四）

## 【原文】

子曰："君子欲讷于言而敏于行。"

## 【老刘说】

"讷（nè）"本义指不善于讲话，说话迟钝，在这里指说话谨慎，不轻易下结论；"敏"本义是做事动作快捷，即《说文解字》里说的"疾也"，在这里是"勤劳敏捷"的意思。

说话谨慎，做事敏捷，是君子追求的作风。因为空口说话是很容易的，所以一般人容易轻忽；因为具体做事是困难的，所以一般人容易怠惰。君子应该"讷于言而敏于行"，此处用一个"欲"，正是说明想真正做到讷言敏行并不容易，君子在此处应该时时自惕。

正因为说着容易做起来难，世人多数的人做出了"聪明"的选择——只说不做。

君子一心在成德上，所以必须言行相符，在具体的用世中，要做具体的笃实功夫，在言语上要尽量谨慎，不该说的不说，该说的话也要谨慎收敛，谨慎到让别人看起来似乎很迟钝一样，这样就能最大限度地避免失言不慎之悔。在做具体事情的时候，力求个"敏"字，对于知道当行的事情，一定要奋发勇往，不敢有丝毫怠惰缓纵，这样就能最大限度地避免因错失良机而后悔。

本章承接前两章的内容，因为言出易而躬行难，所以要以言而无信为耻，基于这个"耻"字，就必须言语慎重，力行不怠惰。

"以约失之者鲜矣。"要有分寸，否则就是偏向"吝"，弊病就是过分强调"约"字而行动迟缓、畏首畏尾，乃至无所作为，所以此处强调"敏于行"。

能"讷于言"就必然会顾及自己所行，能"敏于行"就必然会顾及自己说的话，二者兼顾，就是笃实君子。人行世间，言常常有余，而行常常不足，能做到"讷于言而敏于行"就是损有余而补不足，此正是执中而行的进德修业之路径。

注意："敏"和"讷"虽然有天资禀赋的成分，但后天的修习也是非常重要的。

# （二十五）

【原文】

子曰："德不孤，必有邻。"

【老刘说】

"孤"本义指幼年死去父亲或父母双亡，在这里是"单独、孤独"的意思。"邻"本义是相邻、邻居，这里引申为志同道合的人。

"德"在这里有两层意思：

第一，指修德，德是形而上的事情，要彰显出来必须借助有形的载体，也就是在具体用世中体现出来。用世不离人情事变，必须和人打交道，人是不能自己独修成德的，所以讲"德不孤"。

第二，指有德之人。人的天性中都有追求光明的一面，就算是处于乱世，也必然有人同声相应，同气相求，这些志同道合的人自然会相聚在一起，所以讲"德不孤"。

德是人心所固有的，人天性是厌恶无德之人的，对无德之人自然也不会真心尊重，而对有德之人是会发自本性地亲近和信从的。治世者如果能把修德放在首位，就很容易使万姓归心，天下为一家，否则很容易众叛亲离，最后落得个孤家寡人的境遇。

《周易》中说的"德不孤"和此处的"德不孤"是有区别的，《周易·文言·坤》中的"君子敬以直内，义以方外，敬义立而德不孤"是针对六二爻辞中"直方大。不习无不利"的"大"字来说的，强调"大"的两个方面，即内直而外方，内外皆是德，只有如此才能把"敬义"立起来，结果才会"不孤"，如果有敬而无义，或者有义而无敬，结果都是"孤"。

> "德不孤"是从道理的角度说的，"必有邻"是从事情的角度说的。"德不孤"就会"必有邻"；而"必有邻"就会更加"不孤"，二者是个相辅相成的关系。

# （二十六）

【原文】

子游曰："事君数，斯辱矣；朋友数，斯疏矣。"

【老刘说】

本章是《里仁篇》的最后一章，微言大义、统摄全篇。事君交友之事，虽然要居仁由义，但一定要懂得过犹不及的道理，"里仁为美"需"执中用权"才能落实下去，否则就只是空中楼阁。

五伦关系中，父子、兄弟、夫妇属于家庭关系范畴，君臣、朋友属于社会关系范畴。中华文化法天则地，对于符合自然的血脉传承非常重视，而西方文化根源并非天地之道，所以不讲孝道，自然就没有承上启下之说，历史绵延自然也就无从谈起。所以，从文化深度和绵延程度来说，西方文化是远远不如中华文化的。

对"数"字的理解是本章的关键，"数"在这里用作副词，表示频繁的意思，在这里可以理解成"惹人生厌，过于频繁的劝谏或者碎碎念"，譬如"数落孩子"，意思就是列举孩子的过失加以指责。"辱"指"被羞辱、自取其辱"；"疏"指关系越来越疏远。

《礼记·曲礼下》说："为人臣之礼，不显谏，三谏而不听，则逃之。"君臣关系是以事为主的，从道理上讲，作为臣属应该尽心无私，但在具体操作层面，特别是在相处的细微环节，要明白君王首先是人，也是食人间烟火的，其次才是君上。

如果君上有过，当然要劝谏，这是为人臣属的本分，但劝谏要注意方式方法，臣属劝谏要尽心尽力，君上如果听不进去，就不要过分碎碎念，这样只会让事情更加糟糕。

人际关系中，要清楚一点，你说什么做什么不重要，重要的是对方如何解读和定义，对方不是你，不可能完全认同你的主观想法。

频繁劝谏这个行为，君臣解读是不一样的，臣属认为自己这么做是尽忠履职，无愧于心；而从君上的角度来看，在自己态度已经很明确的前提下，臣属过分频繁劝谏的行为，是对自己亵渎不敬的表现，君上对此必然心生厌恶，难免会加以呵斥羞辱，甚至会治罪降祸。

同样的道理，朋友之间彼此切磋为鉴，朋友有过要予以规劝，这是理所当然的事情。但在具体操作层面，同样也是需要注意方式方法的。劝谏的时候，朋友能听得进去，就尽心做好，如果朋友听不进去，就要适可而止，不能碎碎念到令人生厌的地步。一旦朋友开始生厌，就会把自己的一片好心解读成别有用心，不以为德反以为怨，彼此关系难免日渐疏远。

　　交友不同于事君，事君是上下关系，交友是平等关系，朋友就算对自己生厌也不至于羞辱自己，但彼此必然会越来越趋于疏离冷淡。

　　由此可见，在处理社会关系的时候，要懂得以礼渐进的道理，不能完全不管对方的感受，摆出一副"我是正确的/我是为你好"的架势，这样的搞法只会让事情更加糟糕。

# 【公冶长第五】

　　《公冶长篇》一共二十七章，承接《里仁篇》。为学为政，依礼成备，仁为礼本，《里仁篇》讲"里仁为美。择不处仁"，本篇主要内容是论古今人物贤否得失，重点是讲知人而明仁德。

　　公冶长（公元前519年—公元前470年），复姓公冶，名长，字子芝，山东诸城贾悦镇近贤村人。春秋时期孔子的弟子和女婿，"七十二贤"之一。一生治学，多次拒绝鲁国君主征聘，而是继承孔子遗志，教学育人，成为著名文士。鲁哀公二十五年（公元前470年）去世，时年四十九岁，公冶长墓坐落在诸城市马庄乡锡山子（原名公冶山）东南麓。

　　唐开元二十七年（739年）被追封为莒伯，北宋大中祥符二年（1009年）被追封为高密侯，南宋咸淳三年（1267年）以"高密侯"从祀孔子，明嘉靖九年（1530年）被改封为先贤公冶子。

# （一）

## 【原文】

子谓公冶长，"可妻也。虽在缧绁（léi xiè）之中，非其罪也"。以其子妻之。子谓南容，"邦有道，不废；邦无道，免于刑戮"。以其兄之子妻之。

## 【老刘说】

本篇把孔子择婿放在首章，表明夫子的学问之道就是日用之道。儒家精神的具体落实只是在日常五伦之中，孔门之教注重实证，无空谈虚论。正因为儒学的学以致用，《论语》首章才说"学而时习之，不亦说乎"。

"妻"字在这里作动词用，是"以女嫁人"的意思；"缧（léi）"是古代捆绑犯人用的黑色绳子，"绁（xiè）"是捆着或系着的意思，"缧绁"合起来就是捆绑人的绳索，引申为身陷牢狱。汉代以后，以铁锁链代替缧绁，称作"银铛"，成语银铛入狱，意思是用铁链把犯人锁起来投入监狱。

孔子对公冶长的过往是非常了解的，知道公冶长以前下过牢狱，对此孔子的评价是"非其罪也"，圣人显然对公冶长进监狱的前因后果是清楚的，知道他是被冤入狱，并不是罪有应得被刑罚。至于公冶长入狱的前因后果，正史上是没有资料可查的，野史中对此众说纷纭，与本章主题关系不大，就不赘言了。

"以其子妻之"的"子"指女儿，古代"子"字是男女通用的，即女子、男子都用"子"，"以其子妻之"就是把自己的女儿嫁给他。

> 孔子把女儿嫁给公冶长，是因为他德行纯备，可以托付女儿终身，不是因为公冶长曾经被冤枉入狱，心有同情。

南容，姓南宫，名适（kuò），字子容，春秋末年鲁国人，既是孔子的学生，又是孔子的侄婿。南容的特点是谨言慎行，处事沉稳。唐开元二十七年（739年），被封为"郯（tán）伯"。宋大中祥符二年（1009年）加封为"龚丘侯"，宋政和六年（1116年）改封为"汝阳侯"，明朝嘉靖九年（1530年）改称为"先贤南宫子"。

"邦有道，不废；邦无道，免于刑戮"是孔子从应对具体境遇的角度对南容的评价。

"废"是弃而不用，"邦有道，不废；邦无道，免于刑戮"是说南容平日谨言慎行，沉稳持重，以他的德才能力，处于天下有道，君子道长小人道消的大局势下，必然会有人荐举他，上位者从用人的角度不会对南容这种德才兼备的人弃之不用，必然会给他得其位、行其道的机会；处于天下无道，小人得志君子道消的大局势下，以南容言语谨慎、处事沉稳的秉性来说，他也不至于取怨于人，更不会招致刑戮之祸。

综合来说，南容擅长的是用世，以他的水平，在太平治世自然少不了实现自己抱负的机会，在乱世失序中也能自保其身，不致遭遇杀身之祸。因此孔子把自己的亲侄女嫁给了他。

婚姻是终身大事，不可不慎，圣人选婿的原则是择贤而配，钱财、地位等都是放在"贤"字后面的。孔子作为千古圣人，选婿的条件也只是如此普通平易，和愚夫愚妇真心爱女儿一样，只是做长远考虑，希望自己的女儿终身有托过得好。

关于选择女婿和侄女婿的顺序事宜，有些解读《论语》的书曲解成圣人是为了避嫌，即假如孔子把侄女嫁给公冶长，把自己女儿嫁给南容，很可能会遭到社会的批评，说他没存好心，把侄女嫁给坐过牢的公冶长，而把自己女儿嫁给世家公子南容。个人认为这种解释是画蛇添足，以庸人之心度圣人之腹。圣人光明正大，做事是以自己心中良知为判断标准，并不是以别人的眼光作为行事的标准，只要所行内无愧于心，外循理妥当，何用避嫌呢？

推测两个人都是可托付终身的贤人，公冶长先出现，就招为女婿了，南容后出现，不能一女许两家，就招为侄女婿了；也可能是自己女儿年纪大一些，侄女年纪小一些，女儿先嫁，侄女后嫁。

# （二）

【原文】

子谓子贱，"君子哉若人！鲁无君子者，斯焉取斯？"

【老刘说】

宓（fú）子贱［公元前521年（一说公元前502年）—?］，名不齐，字子贱，春秋末年鲁国人（一说宋国人），孔门七十二贤之一。曾任单父（今山东省菏泽市单县南）宰。他为单父宰时，"身不下堂而单父治"，孔子对此称赞说："惜哉，不齐所治者小！所治者大，则庶几矣"，意即以宓子贱的能力他完全可以治理更大的区域。

唐开元二十七年（739年），追封宓子贱为"单伯"；宋大中祥符二年（1009年），加封为"单父侯"；明嘉靖九年（1530年），改称"先贤宓子"。

成语鸣琴而治讲的就是宓子贱治单父的故事。"宓子贱治单父，弹鸣琴，身不下堂，而单父治。巫马期以星出，以星入，日夜不居，以身亲之，而单父亦治。巫马期问其故于宓子。宓子曰：'我之谓任人，子之谓任力；任力者故劳，任人者故逸。'"这段话的意思是：宓子贱治理单父时，每天弹琴取乐，悠然自在，很少走出公堂，却把单父治理得很好。巫马期（孔门七十二贤之一）治理单父时，每天披星戴月早出晚归，日夜不休息，事事亲自办理，这样才把单父治理好。巫马期向宓子贱询问他能够治理好单父的缘故。宓子贱说："我的办法是发动群众，凭借众人的力量，你的办法是完全依靠自己的力量。依靠自己力量的人当然劳累，依靠众人力量的人当然轻松。"

本章是孔子对自己学生宓子贱的评价，内容是论宓子贱之德。

"若人"即此人，指宓子贱；"君子哉若人"即"宓子贱这人呀，真的可称为君子！""斯焉取斯"的前一个"斯"字是说此人，后一个"斯"字是说此德；"焉"字解释为"哪里"不如解释为"怎么"好。因为"哪里"侧重于学问的来源，"怎么"侧重于学习者的主动性，本章重点是说子贱的好学之德，取后者更符合圣人原意。孔子评论学生子贱说："有德的君子啊，就如同此人！如果鲁国没有君子，那此人又是怎么取得此君子之德的呢？"也就是说，子贱善于同道为鉴，能真正做到"见贤思齐焉，见不贤而内自省也"，取法鲁地的诸位君子而得以成就自身之德。

注意：在《论语》中被孔子评价为君子的人是不多的，孔子对子贡的评价是"器也"，《为政篇》第十二章又说"君子不器"，按照这个逻辑推导，似乎子贱比子贡更高明，这显然是不合常理的。子贡位列孔门十哲之一（十哲：子渊、子骞、伯牛、仲弓、子有、子贡、子路、子我、子游、子夏），而子贱是不在此列的。另外，子贱因鲁地多君子而后有所成就，如果按照子贱比子贡水平更高来理解，岂不是鲁人很多都比子贡水平高了？这显然也是不符合常理的。个人理解，孔子应该是从子贱善于学习的角度给予的评价，并不是从综合水平角度来评价的。

为学的目的是学做君子，但是想真正达到有君子之德，并不是一件容易的事情，宓子贱的学力已经达到成德的高度，这显然是一件值得赞赏的事情。宓子贱之所以能达到这个高度，既有内因也有外因，内因是他自己积极向上，能见贤思齐，笃实进修；外因是鲁地多君子，人才众盛，处在这个环境中，子贱能尊师重道以求其益，与同辈之间能见贤思齐，时刻存养良知以正自己之德行，日积月累自然成就斐然。如果鲁地没有那么多君子，就会处于想尊师却无师可尊，想见贤思齐却无贤可齐的环境，难免孤陋寡闻，进步的效果就很难说了。所以，为学这件事情，内因和外因都要足够重视，二者不可偏废。

从治世的角度来说，治世者应当屈己下贤虚心访道，用人把贤德放在首位，慎择左右，这样治世就很容易做好。

# （三）

## 【原文】

子贡问曰："赐也何如？"子曰："女，器也。"曰："何器也？"曰："瑚琏也。"

## 【老刘说】

"赐"指子贡自己，子贡复姓端木，名赐，字子贡。在尊长面前自称其名表示尊重。子贡因见孔子评价子贱，所以问老师："我也跟随您学习了很长时间了，但自己的造诣深浅，自己并不完全清楚，请老师也对我点评一下。"

"女"通"汝"，是"你"的意思；"器也"即"你是个有用之才"。人之所以为学，是为了学以致用，就像世间的器皿，要有其存在价值。孔子从自己的角度看子贡，对爱徒的资质能力是非常清楚的，子贡能告往知来，料事多中，既擅长处理政务，也非常善于言语表达，是个有用之才。这句"女，器也"是说子贡已经成才，可堪大用。人生在世，最怕的就是无用，蠢笨无用也就罢了，但有一种人是极聪明的，干的却是一些毫无意义的事情，虽然天资很好，但费尽一生心力，最终只是无用之人。所以一个"器"，就意味着已经是天地间一个有用之人。

得到老师的评价之后，子贡又问："有用之才也有器用大小多少的区别，老师您既然认为我是有用之才，那么，我算是什么样的才呢？"

"瑚琏（hú liǎn）"是宗庙盛黍稷（shǔ jì）的盛食器，材质是玉，夏时叫作瑚，商时叫作琏。一般和鼎相配同用，贵重而华美。孔子以瑚琏比喻子贡，以玉喻其品德，器用喻其才能，来说明子贡德才兼备，对于国家社稷是大器，只要有施展才华的时机，必能成就不世功业，足以传世流芳。从用世的角度来说，这个评价是非常高的。

圣人这么评价，有两层意思在其中：

第一，子贡是个有用之才，是有大用的，但还没到"不器"的程度，算不上全备之才。

第二，子贡有自视颇高的毛病，孔子这么说有对症下药的意思在里面，针对子贡容易偏颇的地方警醒一下。

# （四）

## 【原文】

或曰："雍也仁而不佞。"子曰："焉用佞？御人以口给，屡憎于人。不知其仁，焉用佞？"

## 【老刘说】

"雍"指冉雍（公元前531年—？），字仲弓，春秋末期鲁国人，孔子弟子，孔门十哲之一，受儒教祭祀。冉雍在孔门弟子中以德行著称，孔子对其有"雍也可使南面"之誉。"南面"是一国之君听政之位，孔子认为冉雍具备帝王治世之才，这是孔子对其他弟子从来没有的最高评价。

唐开元二十七年（739年）追封其为"薛侯"，宋大中祥符二年（1009年）加封为"下邳公"，南宋咸淳三年（1267年）封为"薛公"，明嘉靖九年（1530年）改称为"先贤冉子"。

本章是说明仁不须佞，"佞"字在这里是指口才捷利，也就是嘴皮子利索，说话动听。"佞"本身没有善恶属性，只是一种技能，为善捷敏是善佞，对于行仁义有助力作用；为恶捷敏是恶佞，古人说"远佞人"，是指远离心术不正又嘴皮子很厉害的人。

孔子评价冉雍"雍也可使南面"，这个评价很高，难免会有人对此吹毛求疵，以此质疑孔子说："您的学生冉雍，虽然仁而有德，但是过于素性简默，缺点是嘴皮子不行。"意思是说，冉雍也是有不足之处的，你对自己的学生评价是不是太高了？

对于别人的质疑，孔子回答："焉用佞？"意思是说：你这个看法，实在是桌子底下放风筝——高度实在有限，你认为嘴皮子利索是个优点，嘴皮子不利索是缺点，这点我是完全不认同的。孔子用反问句表示完全不认同。

"御"在这里是"抵挡、应对、对付"的意思；"给"是"供给"。"御人以口给"指用口舌之能来应对具体人和事。"屡"是"多次"；"憎"是"厌恶"的意思。"屡憎于人"即佞人利口捷给，这类人难免会讨人嫌。

"不知其仁，焉用佞"即"我也不知道冉雍是不是真正到达仁的高度，但嘴皮子再利索，也只是个应用之术，并不是君子用世的根本所在，不能本末倒置，那样就偏离了君子用世的大道了。如果能抓住根本，行于仁道，嘴皮子利索不利索又有什么关系呢？"这个地方，孔子没有说冉雍是个仁人，应该是有原因的，但本章重点是说仁不须佞，此处就不深究了。

当时的人认为贤人必备的一个能力就是口才好，嘴皮子利索，这显然是自身认知太低的缘故。孔子认为，如果因为冉雍口才不好就否定冉雍的能力，显然不对。嘴皮子利索只是一项技能，如同一把菜刀，是好工具还是行凶罪证，主要看怎么用。心不正却嘴皮子利索，善于花言巧语、高谈阔论的人，表面上看似乎很有才能，实际上是不能重用的，更不能授予权柄，否则他们很容易异化成奸佞小人。而冉雍心是正的，就算某个应用技能不擅长，也是无伤大局的。

孔门所重，在德不在术，为学者应当用力在仁，道足够驾驭术，才能更好地用世，如果道不足以驾驭术，就会造成顽童持利刃的局面，要么伤人，要么伤己，或者二者兼伤。

从治世的角度来说，嘴皮子利索说话动听的佞人，不仅仅讨人嫌，如果将其用在不该用的位置上，他们难免会颠倒是非，中伤好人，甚至会败坏国家，为祸社稷。所以，对这类人的运用为人君者不可不慎。

# （五）

## 【原文】

子使漆雕开仕。对曰："吾斯之未能信。"子说。

## 【老刘说】

漆雕开（公元前540年—公元前489年），姓漆雕，字子开，又字子若，孔子的学生，比孔子小十一岁。在孔门中以德行著称，著有《漆雕子》十三篇。曾因无罪受刑而致身残，为人谦和而有自尊，他博览群书，刚正不阿，主张色不屈于人，目不避其敌，具有"勇者不惧"的美德。

漆雕开曾随孔子学习《尚书》，并深得其中精髓，《韩非子·显学》把他列为儒家八派之一（漆雕氏之儒）。

唐开元二十七年（739年），追封其为"滕伯"；宋大中祥符二年（1009年），加封"平舆侯"；明嘉靖九年（1530年），改称"先贤漆雕子"。

"使"本义为派人做事、差遣、指派，"子使漆雕开仕"即孔子建议自己的学生漆雕开出仕。漆雕开不愿意出仕，理由是"吾斯之未能信"。

"斯"指"此理"，即对大道还没透彻，在漆雕开眼里，做官这件事情他是没怎么放在眼里的；"信"指"对理的真知和洞悉"。漆雕开要表达的意思是，为学是为了洞悉天理，能真正达到透彻不疑才算"信"，然后出仕治世，居其位行其志，才能事事停当，自己现在对于道理还没到透彻不疑的程度，心里还有信不过处，这个时候应该更加努力去探究，出仕是为了行道，行道未必一定出仕。为仕最多只能一时利一方百姓，而道德之教则可以教化四方，泽被后世，意义更加深远。就具体行道而言，也是因人而异的，如果汲汲于出仕，与逐利之人又有何分别呢？

"说"通"悦"，在这里表示喜悦，"子说"即孔子对漆雕开的回答很高兴。以孔圣人的判断，漆雕开凭其才干是完全可以为官治世的，但漆雕开不满足于做一个普通的官吏，有更高的追求。做老师的怎么可能不高兴呢？

漆雕开主要研究《尚书》。《尚书》从上古时期的尧舜一直讲到春秋时期秦穆公时期，跨越了上千年。一个研究千年沧海桑田变化的人，又怎么可能把出来做官、为政一方这点事情放在眼里呢？所以，漆雕开的态度也是很正常的。就像一棵树，现在成的材只够做几把筷子，如果假以时日，成的材足够做大梁，这棵树又怎么可能安于这辈子只是做几把筷子呢？

# （六）

## 【原文】

子曰："道不行，乘桴浮于海。从我者，其由与？"子路闻之喜。子曰："由也好勇过我，无所取材。"

## 【老刘说】

本章是孔子感叹行道之难。

用绳索将多根原木或者竹子编扎成一定形状，使其利用自身浮力在水上运输的组合体，就是俗称的木排或者竹排，古代对个头大的叫筏子，个头小的叫桴（fú）子。"道不行，乘桴浮于海"是孔子的自我调侃，意思是行仁道于天下这件事情实在不容易，世事艰难险阻而不能推行，有点效果实在太难了，不如干脆坐着木筏子离开这里算了。

以圣人的水平和大智慧，对时势看得非常清楚，在春秋末期的大局势下，想让仁道大行于世是不太可能的，待局势变化，仁道必然能行于天下，现阶段做的具体工作是种下一颗种子，只需要等到春暖花开，它就会发芽吐绿，绽放于天下。深入理解圣人这句话，更有一层慨叹在其中，既然无心逃世，只能继续勉力前行，其中曲折艰难更加显现而出，让人心有唏嘘。

"由"指子路；"从我者，其由与"即"子路一定是那个能跟随我一起勇往直前的人"。当时的孔子是"知其不可而为之"，于此艰险之境地，能从之而不退缩者，非有大勇者不能担当，在众弟子中，子路勇敢果决，显然当为首选。

子路听闻孔子称赞自己非常高兴，认为夫子出海没提其他人，只提了自己，这是对自己的认同，喜悦之情立刻溢于言表。显然子路把圣人的自我调侃当真了，以为孔子真有漂洋出海的打算。

"材"通"裁"，在这里指子路比较粗线条，还不能合于中道，对圣人的话直接从字面理解，没领会到圣人的真正意思。

"由也好勇过我，无所取材"是孔子对子路"闻之喜"的戏言，意思是：子路这个人呀，真是太可爱了，从勇敢果决的角度来说，你比我这个老师都强，只是太实在了，没听懂我的话外之音。

> 历代对"材"字的注释众说纷纭，莫衷一是，因此对本章的解析难免歧义百出。个人是从治世的角度理解本章的，天下大势有泰有否，天下大治的态势下利于大道行于天下，天下大乱的态势下不利于大道行于天下。孔子所处时代正是一个礼崩乐坏的乱世，此时推行大道是逆势而行，其中的艰难险阻百倍于汉朝董仲舒所遇到的阻碍。

按照《史记·孔子世家》的记载，孔子曾经调侃颜回说："有是哉颜氏之子！使尔多财，吾为尔宰。"意思是"你说得太对了，颜家的这孩子，等你将来有钱了，我去给你当管家哦。"由此可见，孔子是个蛮有幽默感的人，这里调侃一下子路，也是毫无违和感的。

# （七）

【原文】

孟武伯问子路仁乎？子曰："不知也。"又问。子曰："由也，千乘之国，可使治其赋也，不知其仁也。"

"求也何如？"子曰："求也，千室之邑，百乘之家，可使为之宰也，不知其仁也。"

"赤也何如？"子曰："赤也，束带立于朝，可使与宾客言也，不知其仁也。"

## 【老刘说】

孟武伯就是鲁大夫仲孙彘，当时的当政者，前文已经说过。孟武伯向孔子了解几个优秀学生的情况，首先问关于子路的情况。孟武伯问孔子说："你的门人子路，现在有没有达到全其心德而为仁人的高度呢？"这个问题其实不好回答，孔子没有正面回答，只是说了句"不知也"。

这句"不知也"不能简单地理解成"不知道"，那样就把《论语》读死了。

个人理解，这个回答有这样几层意思在其中：

第一，仁是内心事，只有自己最清楚，别人看到的只是内心彰显出来的具体行为，所以别人不能妄下断言，子路的仁的程度，即便作为老师，也是不能轻下断语的。

第二，一个人的是非功过和学养修为等，不是根据一时一事做出判断的，即便现在做到仁德，不代表将来一定就能始终不偏离，所以不能过早下定论。

第三，仁道至大，仁德至高，不可轻许人。就像对一个人说"你已经到达这个领域最高的位置了"，这么说对于这个人的发展和进取，并不见得是一件好事。为师者不可把话说满了，也是为学生发展考虑。

第四，从应对人情事变的角度来说，孟武伯来打听自己学生的情况，问的又是这样一个不够具体的问题，有可能有推荐或者用人的想法在其中，作为老师无论话说高了还是说低了都不好，不如面带笑容不正面回答。

孟武伯没有得到自己想要的答案，就继续追问，这次孔子的回答侧重自己学生的具体技能方向，对子路的长处做了非常详细的介绍。

"赋"指兵赋，古者军马都出于田赋中。在古代，"赋"包括了军事和赋税的征调，"治其赋"包括征兵员和修武备。千乘之国是诸侯大国，具备出兵车千乘的实力。

子路勇敢果断，是个大将之才，如果让他在千乘之国统筹前后方，管理兵赋的事情，一定能使军旅强盛，军纪严明，以子路的才能他完全能胜任统帅的职位。

从仁道全体的角度，子路还算不上良知纯然无一毫私欲，还到不了至善的高度。譬如"仁"是一盆油，只有一点杂质都没有，才能称之为油（仁），如果有一滴水落到里面了，就不能称之为油（仁）了。即便现在这盆油一点杂质也没有，也不代表将来始终不会有任何杂质落进来。

"室"就是"家"，"千室之邑"即有一千户人家这么大的采邑；"百乘之家"指卿大夫之家，有采地十里，可出兵车百乘。邑长家臣，通叫作宰，"为之宰"指做家宰或者邑宰这样的行政官员。

孟武伯又问冉求这个人怎样。冉求的长处是治政，孔子肯定了冉求的行政才能，冉求的行政才能非常突出，完全可以胜任家宰或者邑宰的职位，至于"仁"方面的评价，孔子的答案和评价子路的一样。

公西赤（公元前509年或公元前519年—？），字子华，又称公西华，今河南省濮阳市濮阳县人，东周时期鲁国学者、孔子弟子，孔门七十二贤之一。唐玄宗尊之为"邵伯"，宋真宗加封其为"巨野侯"，明嘉靖九年改称"先贤公西子"。

孟武伯又问公西赤这个人怎样。孔子肯定了公西赤的外交才能，至于"仁"方面的评价，孔子的答案和评价子路的一样。

"束带"指穿上礼服。"宾"指大客，就是国君、上卿这类人；"客"是小宾，指除"宾"之外的人，这两个字分开用是有区别的，放在一起用通指外交礼仪中的各类使臣。公西赤仪表堂堂，对外交的礼节礼仪和朝觐聘问的事宜非常精通，完全可以胜任外交官员的职位。

问"仁"是从为学角度来说的，问具体技能是从能力角度说的，能力是很具体的，很容易说清楚，但把仁说清楚是不太可能的。故此在孟武伯问孔子三个学生的情况时，从能力角度孔子对自己的学生说得极清楚，但对于仁方面，就不正面回答了。

孔子平日讲学极重仁，仁乃人生之全德，全德难求，子路、冉有、公西赤等学生，虽然没有全德，但各有专长，这正是"有教无类"。

# （八）

【原文】

子谓子贡曰："女与回也孰愈？"对曰："赐也何敢望回？回也闻一以知十，赐也闻一以知二。"子曰："弗如也；吾与女弗如也。"

【老刘说】

有一天孔子问子贡："讲老实话，你自己和颜回相比怎么样？"子贡回答说："我哪里敢和他比呀，人的资质有高下，悟道有深浅。颜回资质好，功夫又到，对于天下的义理，是'闻一以知十'的水平；我资质平庸，用功也不如颜回，只是'闻一以知二'的水平，颜回远远胜过我的。"

"闻一以知十"不能理解成听说一件，就知道十件，而是指听说一角，就能知道全体。"一"是数之始，"二"是数之推，"三"是数之多，"十"是数之具。"闻一以知二"只是推此及彼的水平，指知道的不多不透，这是子贡谦逊的说法；"闻一以知十"是能知始见终的水平，指知道的东西完备、透彻，是子贡对颜回的赞誉。

打个比方，"闻一以知十"是"明睿所照"，就像一面明镜放在这里，物来则照，毫毛毕现；"闻一以知二"是"推测而知"，就像晚上看东西看不清楚，需要不断变换手电筒的角度照着看一样。

孔子听到子贡这么说表示赞同，第一个"弗如也"，即"我也认为颜回是由一得全的水平，你的水平还在由此及彼的阶段；颜回能直入事理之内，浑然见其大通，你还处于从事理上比较，所知仍在外。从我的角度是赞同你的结论的。"

后一句"吾与女弗如也",有两种解释,都可以说得通。

一种是把"与"字当作"赞许"来理解。孔子因为子贡的话,进一步激励他说:"你说自己不如颜回,这话不假,你的确不如颜回。但人很难做到有自知之明,也很难做到承认自己不如别人,二者你都能做到,实在是难得。人有自知之明,必然不会安于现状;人能承认自己不如别人,就会见贤思齐努力进取。我对你非常赞许。"这是从孔子因材施教,借着这个时机激励子贡的角度来理解的。

另一种是把"与"字理解成"和"的意思。既然子贡谦逊称自己不如颜回,孔子担心子贡惭愧,于是说:"你觉得自己不如颜回,不但你不如他,我和你一样都不如他。"子贡和孔子都能自谓不如颜回,如果颜回在世,反身自视的时候,大概也会说自己不如子贡吧!能反身而诚,谦逊内敛,有若无,实若虚,正是进德修业所在之处,为学者对此应该深入体会。

# (九)

## 【原文】

宰予昼寝。子曰:"朽木不可雕也,粪土之墙不可杇也;于予与何诛?"子曰:"始吾于人也,听其言而信其行;今吾于人也,听其言而观其行。于予与改是。"

## 【老刘说】

"寝"指寝室,寝室是晚上睡觉的地方,"昼寝"即白天还赖在寝室里,这个地方不要想当然地理解成白天在寝室睡觉,只要白天在寝室里就算是"昼寝",是否睡觉不是"昼寝"的判断标准。

古人对于"昼寝"这件事情是极度反感的,在古人看来,"昼寝"是志气昏惰的开始。《韩诗外传》卷六记载:"卫灵公昼寝而起,志气益衰",这句话显然不是什么好话。从平常的生活经验来说,总待在卧房里,人是不会太有精神和斗志的，这是常识。孔子自己是一个发愤忘食、勤勉用功的人，发现学生宰予大白天待在寝室里不出来，当然非常生气。

"朽木"是腐坏的木头，"雕"是雕刻，腐坏的木头是不能在其上雕刻的。"粪土"既肮脏又不是建筑材料，"粪土之墙"即用粪土堆的墙；"圬（wū）"是涂抹修饰墙面的泥刀。"粪土之墙不可圬也"，意思是粪土堆的墙显然是没办法在上面做任何修饰的。

"予"指宰予；"与"在这里是语气词，无实意；"诛"是"责备"的意思。"于予与何诛"即"对宰予这个人，我实在不必再责备了"。孔子说的这句是反话，意思是宰予实在太让我失望了，已经到了不可再教诲的程度。这不是不责备，而是非常重的责备。

昼寝这件事情，在孔子眼里是昏昧怠惰的开始，不好的苗头一旦出现，一定要坚决遏制住，不能让它蔓延开来，后面再补偏救弊，就会事倍功半。宰予是孔子四科高弟之一，此处孔子出言严苛，也是有爱之深、责之切的意思在其中。

人应当以勤励不息自强，以怠惰荒废为戒，木头只有质地足够坚硬才能被雕刻成型，如果内部已经腐坏，就算想在上面雕刻，也是做不到的；墙足够坚固才能加以文饰，如果墙不够坚固，就算在外面粉刷装修得再多，它也是承载不了的，必然会剥落掉。人一定要先有立志为学的坚定信念，才可能有后面的进境，如果先从内部开始昏昧怠惰，无论扶助的外力如何强大，也是没用的。

"始"即"以前"；"吾于人"即"我与人相处"；"与"是语气词。

宰予的专长是能言善辩，自诩立志坚定为学勤谨，却也有昏昧怠惰的行为，说明人的言行很多时候都是不一致的，不可以轻易下结论。这是孔子对昼寝这件事情的进一步反思。

孔子说：听人说话是容易的，做到知人是不容易的，我最初与人相处，觉得别人是言行一致的，说了就会去做，所以就会听其言而信其行，不会怀疑对方能不能真正做到。如今看来，绝大部分人都是说得多，行得少，如果想当然地相信对方言行一致，难免会被欺瞒。所以知人要听其言观其行，不能想当然，要用具体的行为来印证这个人所说的话，才能避免被欺瞒，避免自己犯轻信的错误。我今天能意识到这些，是因为看到宰予的言行不一，我也应该以此事为鉴，改自己之前的过失。

孔子这么说，既是自省，也是警醒宰予，使他幡然悔悟。透过这番话，可以体会到圣人对学生教诲的拳拳之心和殷殷之情。

师徒之间朝夕相处，对彼此都是非常了解的，但孔子尚且说"以言取人，失之宰予"，可见知人是一件非常难的事情。从治世角度来说，治世者以上临下，与下位者相处的机会是不多的，想要知人就更难了，所以更要注意听其言观其行。

# （十）

## 【原文】

子曰："吾未见刚者。"或对曰："申枨。"子曰："枨也欲，焉得刚？"

## 【老刘说】

申枨（chéng），字周，春秋时鲁国人，精通六艺，孔门七十二贤之一。唐开元二十七年（739年）被追封为"鲁伯"，宋大中祥符二年（1009年）被封为"文登侯"，明嘉靖九年（1530年）被封为先贤。

孔子说："人立身于天地之间，要有刚德，然而我看如今却没有这样的人。"

"刚"不能理解成血气强勇，"刚"是正大光明，坚强不屈，不为物欲所累的天地正气，即凡富贵贫贱、威武患难，一切毁誉利害、祸福死生等，都无法改变其心。刚者要内心方正，而不是脾气大。想清楚的道理，就一定会去遵守践行，外力不可改变，这就是刚。可以参照《孟子·滕文公下》中的"富贵不能淫，贫贱不能移，威武不能屈"来理解这个"刚"字。由此可见，

"刚"实在是凡人难以企及的，所以孔子叹其难见。

有人听到孔子这么说，不能真正理解其中的意思，就说："您的学生申枨不就是这样的人吗？"说话的人显然是把血气强勇当作"刚"了。

孔子回答说："申枨这个人有欲，怎么能说是刚呢？"也就是说，申枨还做不到完全不受欲望的影响，所以算不上"刚"。

"欲"在这里指溢出的种种世情系恋，不能割绝，"欲"的原因是溺于爱而成癖嗜。这个地方注意，七情六欲与生俱来，圣人不是说人不能有欲望，更不是说让人禁欲，而是让人摆正欲望的位置：是人驾驭欲望，不是欲望驾驭人，不能把欲望放在首要位置上，这是个主次问题，不是非此即彼的问题。

真正"刚"的人，始终能保持天地正气，不会屈从于物欲，凡事都能以理义为主。一般人碰到自己可欲之事，必然会动心，心一动难免会被私欲遮蔽良知，志气被削弱，最后难免偏离根本。譬如一个人爱钱，既然他爱钱就送钱给他，无论他之前坚持的原则是什么，在欲望的慢慢腐蚀下，这个人最后会彻底失去原则。

凡儒家所重之道义，都要靠刚正之德来达成。从治世的角度来说，治世者如果没有刚德，就会见声色必喜，闻谄媚必悦，即使知道眼前这个人是小人，却因为放不下欲望而养痈遗患；明知道政策不对，却因为放不下欲望拖泥带水不能变革自强，结果就是积重难返，大厦必然倾倒。

# （十一）

**【原文】**

子贡曰："我不欲人之加诸我也，吾亦欲无加诸人。"子曰："赐也，非尔所及也。"

**【老刘说】**

"加"在这里是"凌驾，以非义强加于人"的意思；"我不欲人之加诸我也"这句很容易理解，即"我不喜欢人家强加到我身上的那些事"；"吾亦欲无加诸人"这句因为侧重不同，所以针对本章有两种理解，个人觉得都说得通。

第一种理解：子贡对自己的老师自言其志，对孔子说："人心都是差不多的，我不希望别人强加在我身上的事情，别人同样也不希望被强加。我应该视人犹己，视己犹人，凡是我不希望别人强加给我的事情，我也不会强加给别人。"

子贡说的是恕道，在孔子看来，这个立志是好的，但是有点太高了，子贡以现在的水平还做不到，孔子怕他自许太过，于是出言提醒。"非尔所及"的"及"在这里是"能"的意思，"非尔所及也"即"这不是你现在所能达到的境界"。

最难克的是己私，真正能做到己所不欲，勿施于人，是视天下为一人，是万物为一体的境界，达不到心德纯粹圆满的水平是不可能做到这一点的。譬如对普通人来说，有人无缘无故讨厌自己，这让自己很不舒服，但自己又能真正做到不会无缘无故讨厌其他人吗？这显然是不容易做到的。

孔子这么说，不是把这件事情描述得很难而让子贡望而止步，而是希望子贡能知其难而加勉。

第二种理解：把"吾亦欲无加诸人"理解成"我也不希望同样的事情强加在别人身上"。

这样理解，子贡的描述中是否强加于人的主语，就从自己变成别人了，是否把同样的事情强加给别人，就不是子贡能主导的了。

人的天命由两部分组成，一部分是人力可及，另一部分是人力不可及。别人的心显然属于人力不可及的范畴，我们能主宰的是自己，对别人只能施加影响，但不能主宰别人的心，行为是心驱动的，立志改变别人的行为显然是不现实的。阳明心学说心即理，对人和世界之间的交互关系描述得极为透彻。

所以孔子回答说："子贡呀，你的想法是好的，但别人的心很难企及，别人的行为很难引导和规范，你说的事情已经超出了你的能力范围。"

# （十二）

## 【原文】

子贡曰："夫子之文章，可得而闻也；夫子之言性与天道，不可得而闻也。"

## 【老刘说】

"文章"二字是分开读的，"文"在这里的意思不是仅仅指文字，《说文解字》里说："文，错画也。象交文。""文"字的本义是指"物体表面交错画的花纹"，"文"大家可以想象成水纹，是能看得到，能呈现出来的意思。我们经常讲"中华文化"这四个字，这四字的意思是以中华为特征呈现出来的东西。"章"是"彰"的初文，本义指花纹、文采，由花纹引申为刻有印文的印鉴（印章）。

"夫子之文章"即孔圣人彰显出来的，让人能摸得着看得见的一切，即圣人之德见于外者。德是摸不着看不见的，德需要通过具体载体才能作用于世，也就是摸不着看不见的德必须依托于具体行止语默和事物，才能得以呈现出来。

"性是心之体，天是性之原，尽心即是尽性。"——《传习录》；"性，人之阳气性善者也"——《说文解字》；"性，质也"——《广雅》；"天命之谓性。"——《礼记·中庸》；"生之所以然者谓之性。"——《荀子·正名篇》。天是人本性的来源，世间万物应该在特定的秩序下才能各安其位，生生不息。人类应该有自己该遵守的秩序规则，至于人类中的个体该如何做，其实上天已经把这种秩序规则放在了人的心里。

中国文化中，"道"在不同的语境中，具有不同的含义。总的来说，是三重意思：

至道：道生无，无生有，有生万物。"道"指的是万物的根源，推动和造化万物，养万物、化万物，即"独立而不改，周行而不殆"。

天道：天理自然之本体，可以简单地理解成宇宙法则、自然规律，天道运行按照物类不同而分化，这样万物就都有了自己物类的安顿之处。

人道：人所立的道，是人类社会秩序维持的保证。

天道是自然之本体，本体发用就是天理的彰显，天理落在人上就是人的性。

平常人天资禀赋不同，学力深浅不同，所以闻道有难有易，悟性和进境也是不同的。这就像我们上高中，一样的学校，一样的老师，一样的课本，一样的高考试卷，因为每个学生的天资悟性、努力程度等不同，最后有考入清华北大的，也有名落孙山的。

同样跟随老师学习，孔子平日的行止语默、言辞议论、著书立论等，这些作为圣人之德得以彰显的载体，是能看得见摸得着的，没有什么隐秘的，凡是跟随孔子学习的人，都能听见能看见这些。而孔子的本德，也就是天道赋予之性，是他人摸不着看不见的。

语言、文字、肢体动作等，作为信息的载体而言，承载能力是非常有限的，是没有办法把形而上的天道描述清楚的，就像用一米的布盖两米的坑，无论怎么盖都是盖不住的。那么圣人说的性和天道就无法企及吗？显然不是这样的。

秘诀只有一个，就是"下学而上达"，不断地"下学"，才能层层精进，最后"上达"。《周易·系辞上》说："形而上者谓之道，形而下者谓之器"。可见，"上达"就是道，"下学"就是器。凡是能看得见，摸得着，听得到，能说出来的，逻辑思维可以触达得到的，都是"下学"；看不见，摸不着，听不到，说不清楚的才是"上达"的范畴。通过具体实修，扎扎实实地在用世中进德修业，最终必然能通达性和天道。

本章是子贡晚年进德有成，始闻性与天道，感叹如此。由此可见，儒家圣门教人，只是个脚踏实地循序渐进。

# （十三）

## 【原文】

子路有闻，未之能行，唯恐有闻。

## 【老刘说】

本章是说子路之志。子路为学作风非常笃实，知道一个道理就马上去落实，没有真正践履落实之前，他很怕自己听了新的道理而忘了落实上一个道理，有愧于为学。这就像厨师学做菜一样，把一道菜真正从理论到实践都搞通透了，再去学下一道菜的做法，而不是急于求成，贪多嚼不烂，最后什么菜也做不好。

为学要博文约礼。多闻多见固然重要，但如果闻而不行，就和没有闻见一样了，践行不力和没有践行是一样的。子路能做到如此，是因为他能勇于体道。

子路为学的态度是值得我们现在人学习的，现在的人学习时往往听到了就记在笔记本上，把记下了当成做到了，这就是自己骗自己，最后只是攒了一大堆笔记，没有实际意义。

# （十四）

## 【原文】

子贡问曰："孔文子何以谓之'文'也？"子曰："敏而好学，不耻下问，是以谓之'文'也。"

## 【老刘说】

孔文子（？—公元前480年），姓孔名圉（yǔ），"文"是谥（shì）号，"子"是尊称，卫国大夫，聪明好学又谦虚。

"谥号"就是用一个字或几个字对一个人的一生做一个概括性的评价，是盖棺论定。像文、武、明、睿、康、景、庄、宣、懿都是褒谥，质、冲、少往往是幼年即位而且早死，厉、灵、炀都是恶谥，谥号是从周朝开始的。除天子外，诸侯、大臣也有谥号。周朝天子、各国诸侯、卿大夫及夫人有得谥资格；汉朝规定只有封侯者有得谥资格；唐朝规定二品以上官员（职事官三品以上）有得谥资格。一般文人学士或隐士的谥号，由其亲友、门生或故吏所加，称为广谥，与朝廷颁赐的不同。

按照《左传》记载，哀公十一年（公元前484年）冬天，卫国太叔疾逃到宋国。当初，太叔疾娶了宋国子朝的女儿，其妹随嫁。后来，子朝因故逃出宋国。孔文子就让太叔疾休了子朝的女儿，然后把自己的女儿孔姞嫁给太叔疾。但太叔疾却派人把他前妻的妹妹引诱出来，安置在"犁"这个地方，修了一所宫殿金屋藏娇。孔文子知道后，对此非常愤怒，想要攻打疾，结果疾逃到了宋国，孔文子就将女儿嫁给了太叔疾的弟弟遗。

从道德角度，孔文子的人品显然是不能让人尊重的，所以子贡对他死后被授予"文"这一谥号大为不解，于是去问孔子。孔子就告诉他，孔文子这个人"敏而好学，不耻下问，是以谓之'文'也"。

先秦时代的谥法不像后世那么严格，对待去世的人比较宽厚，如果一个人生前有十项都可取，就取其中一项作为谥号；如果生前十项有九项都是不可取的，就取可取的这一项作为谥号；如果一项可取的都没有，就取像幽、厉这样的谥号。

孔文子这个人因为生前有敏而好学、不耻下问这两个优点，所以取谥号"文"。但他这个"文"字就小多了，不能把孔文子这个"文"和周文王的"文"等同，周文王的"文"如五岳高峻，孔文子的"文"如小山包低矮，虽然都称为山，分量却完全不同。这么取谥号，只是摘一事、取一善而隐其他恶而已。

人凡是天资聪颖的，大多会自恃聪明不肯用功学习，孔圉却能谦虚勤学，积极进取，这是他的一个美德；人凡是地位显赫的，大多会自恃身份、耻于下问，

205

孔圉却没这个毛病，对于自己不知道的事情，肯虚心请教，不以为耻，这是他的另一个美德。"勤学好问曰'文'"，孔圉刚好符合，所以取谥号为'文'。

从治世的角度来说，治世者往往聪明睿智，很容易犯自以为是的毛病，不能勤学进取，就容易在认知层面止步不前；居于上位很容易傲慢自大，不能礼贤下士，就容易不察下情、被蒙蔽，所以更要注意做到谦逊有礼，不耻下问。

# （十五）

## 【原文】

子谓子产，"有君子之道四焉：其行己也恭，其事上也敬，其养民也惠，其使民也义。"

## 【老刘说】

子产（？—公元前522年），姬姓，名侨，字子产，郑穆公之孙、公子发之子，公元前554年为郑卿，公元前543年执政，先后辅佐郑简公、郑定公，卒于公元前522年。治郑多年，颇有政绩，深得民众爱戴，去世时郑人悲之如亡亲戚。

历史上对此人评价非常高，《史记》称赞子产："为人仁，爱人，事君忠厚"；《循吏列传》中说他："为相一年，竖子不戏狎，斑白不提挈，僮子不犁畔。二年，市不豫贾。三年，门不夜关，道不拾遗。四年，田器不归。五年，士无尺籍，丧期不令而治"。

子产在春秋时事功著见，天下皆知。孔子从修己治世敦伦笃行的角度对子产进行评价，列举出子产符合君子之道的四项美德：行己恭、事上敬、养民惠、使民义。

"恭"是恭敬，谦逊有礼，这里直释为谦恭。子产在具体用世中，能做到严以律己、宽以待人，时刻心有敬畏，不傲慢自恃，能推贤让能，不揽功诿过，待人接物谦逊有礼，从无忤逆僭礼的行为。

"敬"是尊敬，端肃有礼，这里直释为尊敬；"上"指比自己地位或辈分高的人，包括君王和父母等，亦可泛指道德、学问、年龄等在己之上者。子产对上能做到尊敬且端肃有礼，具体表现就是内则尽心无私，时刻恪守本分，无僭越之心；外则尽礼尽职，始终敬谨无怠。

"养"是"养育"，包含养其心和养其身两部分；"惠"是让民众得到具体的实惠，偏重于给予财物等具体的好处。当政者治世，如民之父母，对民众要有父母对儿女之爱，为政者能做到对民众有利的就想方设法让它兴旺发达起来，对民众有害的就千方百计让它衰微灭绝，件件都能从民众的角度设身处地地考虑，治下能丰衣足食、安居乐业，使公序良俗得以彰显，让老百姓得到真正的实惠，这就是从爱民之心出发，使民得其所养的仁政。

"使民"指治政、支配民众；"义"在这里指治世的具体操作合宜，事事都有条理。子产引导民众清楚自己的本分，懂得礼仪尊卑，知晓章程法度，这样上下左右都有了明确的边界，事事都有限制，就不会有姑息养奸的弊政出现。在大政策上，能做到合情合理合法，有时有礼有节，役使下民不夺农时，做到因地制宜、因时制宜，民众在这种大环境下，又怎么可能不拥护政府呢？

> "惠"和"义"是相辅相成的，"惠"是对下，侧重宽政，"义"是制政，侧重严政，宽严相济社会才能和谐有序。

# （十六）

【原文】

子曰："晏平仲善与人交，久而敬之。"

【老刘说】

晏婴（？—公元前500年），姬姓，字仲，谥"平"，史称"晏子"，夷维（今山东省高密市）人，（齐国上大夫晏弱之子。）齐灵公二十六年（公元前

556年）晏弱病死，晏婴继任为上大夫，历任齐灵公、庄公、景公三朝，辅政长达五十余年。齐景公四十八年（公元前500年），晏婴去世。其思想和逸事典故多见于《晏子春秋》。

晏子德行高尚，主张"廉者，政之本也，德之主也"。孔子赞其"不以己之是，驳人之非，逊辞以避咎，义也夫！"治政方面，晏子非常推崇管仲的"欲修改以平时于天下"必须"始于爱民"，他坚持"意莫高于爱民，行莫厚于乐民"。和晏子相关的成语有"二桃杀三士""挂羊头卖狗肉"等，感兴趣的读者可以自己查阅一下。

"善"指擅长这个方向；"久而敬之"即交情越久，别人对他越敬重。

人和人初相识相交的时候，一般都会有一份敬意在。但随着时间流逝，对彼此的了解越来越深入，最初的敬意就会有所变化。如果这个人足够贤德，他的贤德又能历久不衰，别人就会觉得这个人实在可敬，就会对这个人越来越尊敬；如果日久见人心之后，发现这个人本质上很差，甚至让人鄙夷，实在没什么能让人发自内心尊敬的东西，最初的敬重之心必然会逐渐淡没。

另外，小人之交刚开始也是彼此有敬意的，但混熟了之后，难免"近之则不逊，远之则怨"，甚至完全不能顾及对方的感受，不守本分，侵略对方的私人边界，长此以往，彼此之间就会产生间隙，最后难免会相互怨恨和疏远。

晏平仲是个足够贤德的人，别人与他相处的时间越久，了解越多，对他的尊重就会越厚重，这是他以德服人的必然结果。

# （十七）

**【原文】**

子曰："臧文仲居蔡，山节藻棁，何如其知也？"

**【老刘说】**

臧文仲是春秋鲁大夫臧孙辰，谥号为文，世称臧文仲（当时已经去世了），传闻他是个有智之人。

"居"是"藏"的意思，和"囤积居奇"的"居"字意思一样；"蔡"是大龟，古代用以占卜，因为产于蔡地，所以命名为蔡。"节"是柱头斗拱；"棁"是梁上短柱。"山节藻棁"即刻山于节，画藻于棁，古代天子用山节藻棁来装饰宗庙。臧文仲藏龟的居室装饰得非常华丽奢侈。

很多人都称赞臧文仲是个非常明智的人，孔子并不这么认为，孔子认为明智的人应该不会干不合理的事情。譬如臧文仲得到一个用来占卜吉凶的大龟，大龟只是能占卜吉凶，又不能决定吉凶祸福之事，而文仲居然弄了一个非常华丽奢侈的屋室来存放它，期望这么做能降福于人，这显然是不靠谱的事情。

人世间有人世间的理，鬼神界有鬼神界的理，虽然我们不知道鬼神界的理究竟是什么，但应该知道不同世界都有自己的秩序和规则，才可能稳定运转。人行于世间，只需要合道循理，自然会"自天佑之，吉无不利"。臧文仲不专注于做好自己的本分，反而谄媚亵渎鬼神，这是不达幽明之理；把得失毁誉放在循理合道前面，把吉凶祸福寄托于鬼神，是心之不明。这样的人，又怎么能算是明智呢？

# （十八）

【原文】

子张问曰："令尹子文三仕为令尹，无喜色；三已之，无愠色。旧令尹之政，必以告新令尹。何如？"子曰："忠矣。"曰："仁矣乎？"曰："未知；——焉得仁？"

崔子弑齐君，陈文子有马十乘，弃而违之。至于他邦，则曰：'犹吾大夫崔子也。'违之。之一邦，则又曰：'犹吾大夫崔子也。'违之。何如？"子曰："清矣。"曰："仁矣乎？"曰："未知；——焉得仁？"

## 【老刘说】

令尹子文是楚国大夫，姓斗名谷，字于菟。令尹是官名，当时楚国对官职的命名和其他国不太一样，令尹相当于其他国的"宰"，差不多等于后世的宰相、首相。

"仕"是被任用，"已"是被免职，"愠"是怒意。子张问孔子："楚大夫令尹子文，三次被任用为令尹之官，人们都羡慕他的尊荣，他却毫无喜悦之色；三次被免职，人们都替他委屈，他却毫无愠怒之色。被免职之后，交接工作时把之前的政事和历史遗留问题都一一告知接任的人，将交接工作做得非常详细具体，没有任何猜忌嫉妒之心，完全能做到物我无间。这样的人物，老师您觉得怎么样呢？"

上台，手执权柄尊荣治世，能够尽心无私做好本职工作，不因身居高位执掌重权而欣喜若狂；下台，离开治世的位置，不因地位变化而心有怨气，视权位如身外之物，去留自便波澜不惊；新老交接之际，心无猜忌嫉妒，以事为主，做到善始善终。能做到如此淡泊是非常难的。

孔子对令尹子文的评价是"忠"，"忠"即尽心无私，如果把"忠"理解成无脑盲从，就太过肤浅了。

孔子说：一般人患得患失，嫉贤妒能，只顾自己，不顾国家，本质上是"己利为先"。子文是国家的忠臣，行事以国家的利益为首要，不做贪恋高官厚禄的事情，所作所为都是以是否对国家有利为准则，这是个实心为国的人，所以子文可以作为"忠"的典范。

子张继续追问孔子："子文算是一个仁人吗？"

孔子回答说："仁在于心，不在于事，子文的行为是忠，这是能看得到的，但并不清楚他心里究竟是怎么想的，更不能想当然地认为他有什么样的想法，如果他这么做的目的是求名，所作所为就是私欲遮蔽了，并不是出于纯乎天理之公心，又怎么能算是仁呢？所以，对此不能轻易下结论。"

注意：如果令尹子文的忠，是出于毫无私欲的纯粹公心，就是出于至诚恻怛，那么他就算是仁人了。

崔子即崔杼（zhù），齐国大夫。齐大夫崔杼本为"温车之变"的策划者之一，有拥戴齐庄公之功。齐庄公有一天到崔杼家中饮酒，见其妻东郭氏漂亮，色心顿起，秘密与其私通。崔杼后来觉察，审问其妻得到确认，之后待其妻如往常一样，但已生弑君之心，后来得到机会杀掉了齐庄公。

陈文子，名须无，谥号文，齐庄公时大夫。"弃而违之"即放弃所拥有的财富和官职待遇而去。

西汉刘向《战国策》记载："万乘之国七，千乘之国五，敌侔争权，尽为战国。"可见在春秋战国时代，能拥有千乘的国家就算是非常有实力的国家了，而陈文子自家就有十乘马车，在当时绝对算富豪之家。面对崔杼弑君这件事情，同朝为官的人反应是不一样的，有马上见风使舵同恶相济的，有隐忍不发等待时机的，唯独陈文子疾恶如仇，不与之为伍，虽然有高官厚禄巨富，仍弃之如敝屣，飘然而去，没有丝毫留恋之意。

"至于他邦"即流浪到别的国家。看了一下情况，发现一些大臣也是和崔杼一样的货色，就说"犹吾大夫崔子也"，也就是说："这些人和崔杼都是一路货色，我耻于和这些人为伍。""违之"即因此又离开这个国家继续流浪。到下一个国家看看，发现也是同样的情况，于是继续同样的做法。

子张问孔子对陈文子这个人的评价如何。

孔子回答说："清高的人是耻于与恶人为伍的，对自己的名节非常看重，陈文子能不恋十乘之富，不居危乱之邦，是个洁白不污的人，流浪列国中亦能来去自如，心无窒碍，算是一个清高的人。"

从个人角度来看，绝大多数清高之士，往往是不堪大用的，谈起事情很深刻、很有道理，真正去做事情往往会一塌糊涂。从这个角度来说，陈文子是算不上忠臣的，自己国家有难，弃而不救，四处流浪，这里看不惯，那里看不惯，难道国家太平了，才需要你来表现你的清高吗？

子张又问说："陈文子能做到这种程度，这是一般人难以企及的，他算是个仁人吗？"

孔子答说：仁在于心，不在于事，陈文子的行为的确很清高，这是能看得到的，但并不清楚他心里究竟是怎么想的，更不能想当然地认为他有什么样的想法。如果他这么做的目的是愤世嫉俗，自命清高，这就是私欲遮蔽，又怎么能算是仁呢？所以，对此不能轻易下结论。

从行事角度来说，是很容易看到一个人具体行为动作的，但具体行为背后的动机和心术，是很难知晓的，心念究竟纯不纯，动机是"利为先"还是"德为先"，只有自己才知道。

也就是说，不能用行为反推动机。这个道理很容易理解，同样是扶老人过马路，是基于恻隐之心的驱动，还是因为刚好有熟人经过要刻意装模作样挣个印象分，只有自己内心清楚，别人是不会知道的。儒家心性功夫反复强调"不诚无物"，就是因为不自欺这种事情只能靠自己。

所以，孔子认同了子文的"忠"和文子的"清"，但对二人的"仁"，并没有下论断。

# （十九）

## 【原文】

季文子三思而后行。子闻之，曰："再，斯可矣。"

## 【老刘说】

季文子是鲁国大夫，"文"是其谥号。按照正史记载，季文子为人工于心计，对于祸福利害计较过细，纵观其生平行事，美恶不相掩。

《史记·鲁周公世家》记载：襄仲杀嫡立庶，把文公庶子立为国君，是为鲁宣公。因为与东门氏的权益发生冲突，叔孙氏与孟孙氏向东门氏发起挑衅，结果都被东门襄仲击退。老练的季文子为防被东门襄仲迫害，表示支持鲁宣公，依附于东门氏。作为三桓之一，季文子谨小慎微，依附于襄仲而行事。宣公八年，襄仲卒，宣公十八年，宣公死，季文子趁机发难，备述襄仲当政时的弊端，鲁国司寇臧宣叔表示愿意随季文子除乱，季文子开始执政。

季文子当政时，"家无衣帛之妾，厩无食粟之马，府无金玉"，季文子以清廉的形象收揽人心，招纳人才，扩大自己的势力。一方面，他使鲁国经济得以发展、政局稳定；另一方面，因为他不断扩大自己的势力，鲁国三桓才得以日益强大，从而成为日后凌驾于鲁君之上的强势卿家。季文子当政时期，虽然安定了鲁国，壮大了三桓，但没有还政于公室，所以，鲁国僭礼乱政的祸根，是从季文子时期埋下的。

"三思"是思了又思，想了又想，反复斟酌权衡。"三思"之后再行动，行动中过分小心，过分仔细叫"三思而后行"。"再"指两次，"再，斯可矣"这句是孔子讥讽季文子每事三思是过思，过思则"于祸福利害计较过细"，思来想去琢磨的都是自己的吉凶得失，私意生而不能择义果决，最后就更谈不上唯义是从了。

人应对事情，不思虑肯定是不行的，但过分思虑也是不可取的。凡事需要应对的时候，刚开始什么情况都不了解，要先斟酌梳理，仔细思量一番，这是思而得之；心里有个基本构架之后，担心不确定，再平心静气复盘，仔细斟酌一番。这个时候大方向大立场确定了就不再变动，其中的关键节点合理妥当自己心里有个分寸，行出来自然就可以了。如果过分考虑，聪明的人会再三思索权衡，以致偏离合道循理的正道，权衡自身利弊得失，反而会狐疑不决。普通人就会更严重，反复思考的结果就是刚开始萌发的一点良知完全被私欲遮蔽，后面所行就都指向名利色欲等了。

> 《孟子·告子上》："思则得之，不思则不得也"，是指义理方面，和本章说的"思"不是一回事，不可混为一谈。

# （二十）

【原文】

子曰："宁武子，邦有道，则知；邦无道，则愚。其知可及也，其愚不可及也。"

## 【老刘说】

宁武子是卫大夫宁俞，武子是谥号。

"知"是智慧，"愚"是昏愚。这个世界上有智慧的人，也有昏愚之人，还有一种是大智若愚的人，这种人深通韬光养晦之道，对时势变化洞若观火，善于以权济变。大智若愚的人在装傻的时候，在别人眼里是昏愚的，但实际上是非常明智的，宁武子显然就是这样的人。

宁武子是卫国九世公族，世受君恩，于情于理都是要与国同休戚的。宁武子在卫国出仕，历经卫文公、卫成公两任国君。《史记》载："文公初立轻赋平罪，身自劳，与百姓同苦，以收卫民"，这个时期的宁武子就展现其智，辅佐文公。这个阶段属于"邦有道"，在此期间宁武子并没有什么特别的事迹被载入史册，说明他的智慧别人也是可以达到的，并没有什么特别值得记载的，这就是"其知可及也"。

卫文公死后，他的儿子卫成公继位。卫成公昏庸无道，致使国家政治混乱，又得罪了大国晋国，不但失国，自己还差点被毒死。这个阶段属于"邦无道"，在此期间宁武子虽然也参与政事，却表现得好像很昏愚的样子。一方面装糊涂能保全自身，另一方面表面上好像碌碌无能的宁武子，实质上是真真正正地在做有利于国家的事，对于国家危局，他仍然在极力挽救。"愚不可及"不是说他笨得不得了，而是指他的大智若愚的大智慧，是别人很难达到的。

孔子说，宁武子身为卫国大夫，当国家有道治平无事的时候，能知无不为，直道而行，让自己的才智昭然显现，是个有智慧的人；当国家无道危急存亡的时候，能不逃避自己的责任，收敛自己的锋芒，韬晦隐默不露形迹地负重前行，与国家共患难，成就国家之事，是个大智若愚的人。

国家有道的大局势下，公道昭明，君子都可以站出来彰显自己，在这种百花齐放的情况下，宁武子的智慧并不能显露出来，这是"其知可及也"；国家无道的大局势下，小人道长，君子道消，魑魅魍魉，群魔乱舞，国势倾危，人心疑忌，正人君子自保尚且困难，更何况有所作为呢？宁武子大智若愚，能做到上济其君，下保其身，这正是他善藏其用的高明处，这是"其愚不可及也"。

宁武子是个忠和智兼有的人，卫成公无道之时，负重前行显然是一件吃力不讨好的事情，从功利角度来看，这个时候出来做事是愚蠢的。如果只是有智而无忠心在，就会选择深藏避祸，而宁武子能竭尽全力，不避艰险，可见其"忠"。

纵观历史长河，处常易，处变难，用智立功容易，能潜藏其智而成功是非常难的事情。如果仅仅想通过避世求个保身，就不是儒家用世之道了。

# （二十一）

## 【原文】

子在陈，曰："归与！归与！吾党之小子狂简，斐然成章，不知所以裁之。"

## 【老刘说】

按照《史记·孔子世家》载，鲁哀公三年，当时孔子六十岁，鲁国派使者召冉求归鲁任职，冉求启程回国，当天孔子有此一叹。"与"通"欤"，这里表感叹语气；"归与"即"回鲁国去吧"，连说两次"归与"强调说话时的强烈情感。

按照周制，一万二千五百家为乡，五百家为党，合而称乡党，"乡党"在这里指孔子的故乡鲁国；"小子"指在鲁国的门人。"狂"指志意高远，敢作敢为，有进取精神，"简"指疏略，即因经验不足而草率、想当然；"狂简"即志大而略于事，年少轻狂而把天下事想得太容易，有进取的大志，但缺乏具体的能力。这里说"狂"不说"狷"是因为"狂"者有强烈的进取之心，可以鞭策引导，"狷"者能洁身自好，坚守自己的原则，虽然绝不肯同流合污，但其不求有所作为，显然是缺乏足够动力的。狂简之人有高远之志，有

215

强烈的进取之心，如果不能及时导正，很容易流入异端，所以孔子急切思归，以裁正之。

"斐"是有文采，"斐然"指彰显出来的气息风采；"章"以乐章的完整性做比喻，指有头有尾，始终如一，"成章"即有始有终，特质明确。"斐然成章"即内外表里如一，特质明确，气息张扬。譬如"狂"就是狂的人，"狷"就是狷的人，不是今天"狷"，明天又不"狷"；孝就真正孝到底，不会中间不孝了；忠就忠到底，不会半路不忠了。拿具体的人来举例，子贡之辩是子贡的"斐然成章"，子路之勇是子路的"斐然成章"，都是真正成型且完全彰显出来的特质。

显然"斐然成章"并不等于符合中道，就像一块织好的完整布匹，是不能直接披在身上就穿出去的，必须找个裁缝量体裁衣，按照自己的身材特质把这块布裁剪成一件合身而大方的衣服。

有布匹想做衣服穿的人，自己往往是不知道如何裁剪的，需要有个专业的裁缝来做这件事。孔子自比这个裁缝，要对"狂简"之小子量体裁衣，引导这些有强烈进取心的人才走上正道，这就是"不知所以裁之"。强调"斐然成章"是因为如果这个人还没定型，半青半黄，今天狂明天狷，等于这块布匹还在变来变去，一个裁缝面对一块今天方形明天圆形的布料，是没办法裁剪的。

孔子周游列国，立志行道于天下，奈何世事多舛，被困于陈地，圣人知事不可为，与其在此徒劳无益虚耗时光，不如回归故乡教育后进，故乡不缺乏志愿高远、有想法有能力的年轻人，如果能以儒家之道引导，抑其过矫其偏，使这些青年才俊归于正道，则儒学后继有人。何必在时势皆不济的大局势下，栖栖惶惶求用于世呢？毕竟以人载道，薪火相传才能传于后世，继往圣之学，大道必有一天能彰显于世，行于天下。

> "裁之"这件事情在圣人，而"小子"听不听在他自己，不要想当然地觉得圣人"裁之"就一定能达到目的。要清楚别人的心是属于人力不可及的范畴，只能施加影响，不能主宰之。

# （二十二）

## 【原文】

子曰："伯夷、叔齐不念旧恶，怨是用希。"

## 【老刘说】

伯夷、叔齐是商末孤竹君之二子，相传，孤竹君遗命要立叔齐为继承人。孤竹君死后，叔齐让位给伯夷，伯夷不受，叔齐也不愿登位，先后逃到周国。周武王伐纣，二人叩马谏阻。武王灭商后，他们耻食周粟，采薇而食，饿死于首阳山。

"念"是"惦记、常常想到"的意思，也就是俗话说的记小账记得清清楚楚。"旧恶"即过去犯下的错或罪恶，"不念旧恶"就是对别人的错和恶行不记小账。

"怨是用希"的句式先解析一下，帮助理解。这属于代词宾语后置，"是"是代词"这"的意思，比如"以是（因此）"在文言中常用作"是以"。"怨是用希"的正常句式是"怨用是希"，"怨"指二人心中的怨恨怨念等；"是"是代词，指前面的"不念旧恶"；"希"是不进入心里，不造成影响的意思。

"怨是用希"即心中的怨念用不念旧恶的方式化解，对二人而言，就能达到听而不闻的效果。

孔子说：伯夷、叔齐这两个人，是以清正耿直著名的人，大凡清正耿直的人，好的一面是疾恶如仇，不好的一面是多褊狭而不能容物，所以很容易心中积怨颇多。伯夷、叔齐这两人是例外，他们能就恶论恶，针对恶而不针对人。这个地方可以参考颜回的"不迁怒"帮助理解。人有恶，厌恶的不是这个人，而是厌恶这个人身上的恶，如果这个人能改过自新，身上的恶没了，让人看到的是善，也就不会被人厌恶了。譬如一个人今天穿着奇装异服，让人看着就心有厌恶，但如果这个人能改变穿着打扮，你也就没必要厌恶这个人了。

一般人都有不善的地方，只要能改过自新就好，不必非要揪住以前的事情不放，毕竟人非圣贤孰能无过，这是圣人待人之道。

从治世的角度来说，就用人而言，中等人才居多，对于这些人中屡教不改的弃之不用，没有什么可惜的。对于偶然有失，但大节无亏的人，还是要舍短取长，宽容仁厚，这样才有更多的人乐于效用。

> 这里的不念旧恶，宽容仁厚是有原则的，不是滥做好人，有些恶是可以被谅解的，有些则不能，譬如大恶无可补救者，不惩戒无以惩前毖后，必诛之以警示世人，不可姑息养奸，流毒四方。

# （二十三）

## 【原文】

子曰："孰谓微生高直？或乞醯焉，乞诸其邻而与之。"

## 【老刘说】

"醯（xī）"就是醋。微生高是鲁国人，姓微生，名高，传闻此人非常直，世人大多人云亦云，只慕其名而不察其实，想当然地认为这个人很直。但孔子认为言过其实，并且拿一件讨醋的小事举例（有人到微生高家讨点醋用，他家没有，微生高就自己去邻居家要了点醋，再转给这个要醋的人），说明微生高不是个直人。

"直"的甲骨文字形是在眼睛上加一竖线，表示目光向正前方看。造字本义是"正视，面对而不回避"，即所见无所隐匿，该是什么就是什么。儒家定义的"直"是指诚心直道，有就说有，没有就说没有，中间没有任何文饰歪曲，这才是"直"。微生高这个人，别人向他求醋，他家本来是没有的，他却不直说，而是从邻居家求来再转给求醋的人，这是"曲意徇物，掠美市恩"。"曲意徇物"就是文饰扭曲自己的真实意思求取名利等好处；"掠美市恩"就是俗语说的拿别人的东西做人情。

醋是非常普遍易得的东西，如果对来求醋的人直说：我是从邻居家帮你求来的，这分明是要人情。微生高完全可以直接告诉来求醋的人自己家没有，让他去别人家看看，但如果这个人从别人家求到醋，这个人情就是别人的，和微生高毫无关系了。微生高为了落一份人情，自己转去别处求取醋，再回来做人情，就有"乡愿"的心术在其中了。从这件小事可以看出微生高有沽名钓誉、博取人情的用心在，又岂能称为"直"呢？

孔子看来，凡是有要"恩从己出"的想法，都是偏离直道的偏曲之私欲，"恩从己出"的想法就是"乡愿"的源头。试问，有恩必有怨，如果心思在"恩从己出"，那么怨又归给谁呢？

本章是从细节处观人，品德高下和行为是非是不论事情大小的，人的行止语默都是人内心的投射，所以能见微知著，就是"圣人之知人，即圣人之所以明道"。

> 本章说的是微生高不"直"，并未说微生高不是好人，学习《论语》不能非此即彼，"直"的定义可以参照《宪问篇》"以直报怨"来对照理解。

## （二十四）

【原文】

子曰："巧言、令色、足恭，左丘明耻之，丘亦耻之。匿怨而友其人，左丘明耻之，丘亦耻之。"

【老刘说】

"巧言令色"在《学而篇》讲过了，这里不再赘述。

"足恭"一般有两种解释，个人觉得都说得通：

第一，"足恭"即以足为恭，用两脚走路装出恭敬的姿态，引申为用肢体行为等表达恭敬。

第二，"足"是"过，超过"的意思，"足恭"就是过分恭敬，超过了礼节礼仪的限度，到了谄媚的程度，以此取悦于人。

左丘明是当时名气非常大的一位贤人，为人有方正之名。

孔子说："做人应该诚心直道，不能谄媚奸险。人际交往中，不卑不亢才是正礼，如果为了讨好别人故意说好听的，为了哄别人开心故意做些迎合的表情动作，为了让别人觉得自己更被尊重而使用超出正常范围的礼节礼仪，这些都是谄媚的行为，左丘明为人方正，对此类人此类事引以为耻，我也同样如此。"

"匿"是"隐藏，不让人知道"；"怨"指"怨恨、怨念"等；"友"作动词用，是表现出友好亲近的意思。"匿怨而友其人"即藏怨于心，诈亲于外，也就是明明对人心有仇怨，却表现出一副友好亲近的样子与人周旋，这是典型的表里不一，里外两层皮。

孔子说："人和人交往，恩怨亲疏应该有个真心，如果心里怨恨这个人，却深藏于心，表面假装和这个人交好，这是奸险的人。左丘明存心诚笃，以此为耻，我也同样以此为耻。"

从本章孔子的表述看，圣人以此二者为耻，我们学习儒学的人应当以此为戒，立心要直。

从治世角度说，这两种人不仅是人品问题，对国家也有巨大危害。善于谄媚的人阿谀逢迎，一般人很容易被其蛊惑而失去正确判断；奸险的人内心狡诈外表恭谨，一般人很容易被其欺骗而导致轻信犯错。如果对这两种人不能正确识别而误用，就会遗祸无穷，所以治世用人的时候，第一件事就是远佞防奸，原因正是如此。

# （二十五）

【原文】

颜渊、季路侍。子曰："盍各言尔志？"

子路曰："愿车马衣轻裘，与朋友共敝之而无憾。"

颜渊曰："愿无伐善，无施劳。"

子路曰："愿闻子之志。"

子曰："老者安之，朋友信之，少者怀之。"

## 【老刘说】

凡是在"四书"中用"侍"字的，都表示站立在尊长旁边陪着，尊敬而谦恭有礼，将随时承受教导或命令而奉行，如果是坐着陪侍会单独说明。"盍"是虚词，相当于"那么、何不"的意思；"志"是"心之所向"，即内心追求的目标，在这里可以理解为自己心中希望或想要做什么。

颜渊和子路陪侍孔子，孔子对自己的两个学生说："你们两个人在我门下学习，都有自己的志向，何不对我说说你们各自的志向呢？"

"衣"指夏天的薄衣服，"裘"指冬天的皮衣，"夏衣冬裘"泛指衣服。"轻"字有两种理解，一种是说裘以轻为贵，"轻裘"强调重义轻财，不会把财物贵贱放在首位；另一种是说这个"轻"字属于多余的字，两种理解都不影响本章的核心意思。"共"是"共享，共用"；"敝"在这里是形容词的使动用法"使之敝"，直释为"把它们用坏了"；"之"指代"车马衣轻裘"；"憾"即"遗憾"。子路回答孔子说："人不可以自私，天下之物当为天下用之，比如车马衣服等这些物用，都不应该专私，而应该物尽其用。我如果有车马衣服等，愿意与朋友共享，就算用坏了，也没什么好遗憾的。"由此可见，子路心体廓然，重义轻财，不屑为鄙吝之事。

"伐"是"矜夸"，"善"在这里指"有能"，"善"本义是"妥当、合宜"，为什么在这里是"有能"呢？举个例子帮助理解，在处理具体事情的时候，很多人都是处理不好的，要么做过了，要么做不足，如果有个人可以事事把分寸拿捏得恰到好处，在别人眼里就是非常有能力的体现。"无伐善"即不夸耀自己应对世事的妥当之能，不显摆自己有德的表现。

"施"在这里是"施展，张扬，夸耀"的意思；"劳"指"功"，这个地方要从"劳苦功高"的角度理解。"无施劳"即不张扬夸耀自己的功劳，也就是不四处邀功。

颜渊回答孔子说："修德是修自己，就算是在用世应对人情事变中，能在合道循理的前提下，把事情处理得非常妥当，也只是恢复自己固有的本然之性而已，没什么好夸耀的。人通过自己的辛劳获得功劳，虽然有功劳可表，但所谓功劳也只是尽自己本分而已，属于职责所在，是理所应当的当为之事，又怎么能自以为有功劳而四处邀功呢？君子之志只是进德修业，至于名利等与之相比，不值一提。"

子路性急，忍不住问孔子说："我们两个人的志向都说了，我们也想听听老师您的志向是什么？"

"安"是"得其所安"；"之"指他人；"怀"是"关怀，体恤爱护"的意思。

孔子对自己的两个学生回答说："对老者养之以安，使其颐养天年；对朋友交之以信，让朋友各全其交；对少者怀之以恩，使其被关怀爱护。"这就是根据《大学》中"君子贤其贤而亲其亲，小人乐其乐而利其利"延伸出的"无一物不得其所"。引申理解，老者指上一代人，朋友指同一代人，少者指下一代人，圣人之志只是愿天下人各得其所，各适其性，回归天理本然。

三人之心是递进关系，子路有济人利物之心，颜子有平物我之心，夫子有万物得其所之心。以医生治病类比，圣人之志是上医治未病，颜渊之志是对有端倪显现的人预防其恶化，子路之志是对症状明显的病人进行救治。

从不私己的角度来说，三人都不私己，只是有大小差异而已。子路之志相对比较狭隘，还在车马衣裘这类有形之物上，属于未脱离形骸；颜渊能"无伐善，无施劳"，处于有此心痕迹，不能完全忘己的状态，属于形骸将离未离；圣人是"天下同归而殊途，一致而百虑"的高度，兼利万物而不知其功，仁覆天下而不见其迹，完全是天地气象。

# （二十六）

**【原文】**

子曰："已矣乎，吾未见能见其过而内自讼者也。"

**【老刘说】**

"已矣乎"是貌似绝望之词，用白话说就是"彻底完了吧"；"吾未见"并不是要一竿子打翻一船人，非要抹杀天下所有人，而是感叹"能见其过而内自讼"的人实在难能可贵，以此警醒为学者。

《说文解字》说："讼，争也。"以手曰争，以言曰讼，意思是"讼"指有冲突争执发生的时候，还处在动口不动手的范畴。《六故书》里解释说："讼，似用切，又平声，争曲直于官有司也"，"官"在这里指政府；有司，就是有关部门。彼此有冲突，找政府相关部门出来主持一下公道，法官根据双方提供的证据，在合理、合法、合规、合情的前提下，以保证公序良俗为目的居中调解断案。

"见其过而内自讼"即对自己的过失自己是心知肚明的，但是否能做到自己不欺骗自己，以自己的良知来监察仲裁对就是对、错就是错，就像法官断案一样，得出个清晰明确的结论，然后按照这个结论执行到底，这显然是非常不容易的。所以圣人说"这种人我是没见过的"。

对常人来说，自我反省是非常困难的，常人做不到"见其过而内自讼"是因为良知经常被私欲遮蔽。

大多数人明知自己有错而不改有两种情况：

第一，只管因循守旧，甘于自弃。即便口头上承认错了，也是没用的，譬如戒烟，自己知道吸烟有害健康，反复戒烟无数次，最后破罐子破摔，反正戒不了，干脆就放任自流。

第二，私欲牵引不能自拔。明知这么做不对，但因为好名、好色、好利的私欲牵引，无法摆脱这种牵引力，即便明知是万丈深渊，也会心存侥幸继续往前走。

心内自讼是自己对自己的监察仲裁，人是做不到完全无过的，能改过自新就是君子。想改过先要知道自己的过是什么，过在什么地方，这就是"内自讼"的意义所在。通过自讼就能悔悟深切，改过也就有了具体的目标和入手处。

孔子看到的天下人，但凡有过要么文过饰非，假装这不是过，要么自己糊弄自己而求自安，没见到真心想悔过并付诸行动的。孔子非常希望每个人都能复其本体，悔过迁善，所以说出这种貌似绝望的话，目的是激励天下人。

# （二十七）

## 【原文】

子曰："十室之邑，必有忠信如丘者焉，不如丘之好学也。"

## 【老刘说】

"十室之邑"即只有十户人家这么大的地方；"丘"指孔子自己；"忠信如丘"在这里指具备学为圣人的天资禀赋，也就是底子足够好有潜质，具备成为圣人的基本条件。打个比方帮助理解，人初始的资质水平其实都差不多，但随着后面成长的不同，就逐渐开始分化，最后就有了明显的高下之分。就像任何一个地方的适龄儿童中，至少有百分之十的人是具备考入清华北大的潜质的，但因为家庭、环境、自身努力等不同，真到参加高考的时候，大部分人是考不上清华北大的。

孔子说，人是否能达于大道，与天资禀赋固然是有关系的，但后天的努力好学显然比天资更重要。孔子之所以能闻道，不是因为他的资质非常好，而是得益于好学而成。具备闻道资质的人实际上是非常多的，就算是只有十户人家的小邑，其中也必然有具备这种资质的人，放之天下，就数不胜数了。

如果自恃资质好，聪明睿智，什么东西一看就明白，就不肯努力学习进取，扎扎实实地学而时习之，想闻达大道无异于痴人说梦。

再好的资质也需要学而成才，所谓"玉不琢，不成器"，学可以至圣人，不学不免为乡人。本章为本篇的最后一章，统摄全篇，画龙点睛。知好学即知圣人之要，明好学为成德之本。